资深美容院小老板的生意经

孙滕◎编著

东北师范大学出版社
NORTHEAST NORMAL UNIVERSITY PRESS

图书在版编目(CIP)数据

资深美容院小老板的生意经 / 孙朦编著.—长春:东北师范大学出版社,2011.7

ISBN 978-7-5602-7092-0

Ⅰ.①资… Ⅱ.①孙… Ⅲ.①连锁超市—商业经营 Ⅳ.①F717.6

中国版本图书馆 CIP 数据核字(2011)第 131061 号

□责任编辑:梁艺凡 □封面设计:瀚文锦绣
□责任校对:沙铁成 □责任印刷:张允豪

东北师范大学出版社出版发行
长春净月经济开发区金宝街 118 号(邮政编码:130117)
电话:0431-84568220
传真:0431-85693386
网址:http://www.nenup.com
电子函件:sdcds@mail.jl.cn
三河德利印刷有限公司印刷

2012 年 4 月第 1 版 2013 年 12 月第 1 次印刷
幅面尺寸:170mm×240mm 印张:18.25 字数:274 千字

定价:33.00 元

前 言
Preface

云想衣裳花想容，爱美之心人皆有之，美容行业正是满足了人们对于美丽的需求。伴随着人们生活水平的不断提高，美容已成为人们生活中不可或缺的一项重要消费内容。

我们都知道，继汽车、房地产、旅游和电子通信之后，“美容经济”已经成为当前人们的第五大消费热点。美容业其稳定性的收入、巨大的增长潜力和收益的安全性展现出的诱人发展前景，吸引越来越多立志从事这项事业的人们纷纷加入。因此，无数投资者纷纷进入这个有着广阔市场空间的行业，争先恐后地挖掘自己的一桶金。创业开店，首先要选对项目，投资美容美发行业，无疑是一个明智的选择。

当你的手里有了一定的积蓄，或者你已经有数年美容师的从业经验和经历，或者你有几个志同道合并且喜欢美容业的知己，那么，你现在可以着手开一家属于自己的美容院，建工你自己的事业啦!

开一家赚钱的、受到消费者欢迎的美容院是每一个创业者的追求和目标。但是很多经营者由于经验不足、没有作深入的市场调查等原因，使他们在管理和经营中走了不少的弯路。

美容院经营成功的客观因素和人为因素有哪些呢？

作为一个经营实体，美容院同样要找准自己的是市场定位，不同的城市、不同的消费人群决定了你的经营项目和经营范围。所以投资者在投资前需要对目前的市场进行全面的调查、了解，然后经过透彻的分析判断，最终建立起明确的目标，找到自己准确的市场定位。由于市场不会永远的一陈不变所以在以后的经营中仍需时刻把握市场，掌握时尚的趋势，对自己的定位做出相应的调整。

一个成功的美容院不仅需要有精美的店面，还要学会培养回头客、老顾客、甚至忠诚顾客。这样我们才会财源滚滚。所以，我们还应卖出口碑。

行销就行销一种感觉和印象！一个好的美容院必须拥有良好的店面形象，这是吸引顾客的首要条件；没有良好的店面的形象，哪怕我们的技术质量再高，美容产品再好，宣传做得再到位，价格再低，恐怕也难以卖出去。因为我们形象难以吸引顾客光临，给顾客造成了了个极坏的印象，顾客又岂会光顾呢？

本书从实际出发，深入了解美容业管理的方法和困惑，向读者展示了开美容院的定位问题、装修细节以及如何搞好服务等问题的解决办法，希望能够帮助想开一家美容院、或是出于经营管理不善的经营者解决更多的问题。

目 录

Contents

第一章

开办美容院，定位是关键

作为美容院的经营者应该敏锐地把握住这些不同的需求，站在消费者的角度，主动出击，依靠准确的经营定位与特色，开设各种不同风格和类型的美容院，以满足细分化市场的需求。所以，想开一家成功的美容院，就要做好美容院的品牌形象定位、品牌形象定位、消费圈定位、主要服务对象定位、经营项目定位。

第二章

旺铺选择使你生意红火

要想开一家美容院，除去一些商业或交通以及投资者的资金承受能力等因素以外，位置的选择也是相当重要。选好地址也是美容院成功的前提条件。美容院选址需要周密的计划，进行审慎的定性，定量分析，不仅考验创业者的市场分析能力，更体现了创业者是否具体分析美容业前景的能力。

第三章

门面就是美容院的“脸面”

美容院门面如人的脸面对人的形象的首要性一样，门面设计应考虑在满足经营需要的情况下刻意求新，显示本店的独特个性，力争让顾客对你的美容院产生好印象。总的来说，门面设计既要有视觉上和精神上的美感，又要符合人的现实需求。现代店面设计主要包含下列内容：立体造型、入口、照明、橱窗、招牌与文字、材质、装饰与绿化。门面设计的目标是吸引顾客留意，方便引导顾客出入，展示空间容量并安全可靠，从而提升营业店的形象。

第四章

搞好服务才能“财源滚滚”

顾客对服务质量和期望值需求越来越高，不但要求专业的技术服务，同时希望能以最低的价格获得满意的服务。所以，美容院不但提高自已的服务品质为顾客创造健康安全的消费环境，才能争取更多的顾客，开发更多资源。

第五章

怎样推销美容产品

许多美容师都反映产品推销工作是比较难把握的。而且在推销过程中，说话方式、推销方法、时机等一旦把握不好就会引起顾客反感。可是产品销售又是许多美容院收入的重要来源，因此如何做好产品推销对美容师而言就显得尤为重要，美容院员工更要掌握一些产品推销方面的一些原则和细节以及应对技巧。

第六章

顾客就是上帝

“顾客就是上帝”，这是服务行业经常提起的一句箴言。美容院想要赢得顾客，就要为顾客提供最优质的服务，尽力做到让顾客满意。

第七章

需要一流的美容师

由于美容师直接与顾客接触，其一举一动、一言一行直接关系到顾客对企业、美容院或一种产品的感受；又因为顾客是美容师生活来源的间接发放者，因此，美容师必须要取得顾客的信赖。美容师是一个美容院里服务的主要提供者和创造者，其重要性不言而喻，美容师是美容院的产品和服务实现销售的直接操作者，她们的工作是体力劳动和脑力劳动并存并重的，缺一不可。

第八章

管理者必备的素质和能力

作为企业中一名合格的管理者，应当具备多方面的素质，不但包含个人基本素质，如高尚的品牌与情操、完善的知识结构、强健的体魄等。还应具备专业的素质，如良好的沟通、团队合作精神、决策力和规划力、良好的应变能力、勇于担当、敢于创新等能力。

第九章

美容院员工管理艺术

员工是公司里的基础，不管是大公司还是小公司都要管理好每一个员工。优秀的管理者知道怎样去激励员工发挥自己的长处，让员工保持良好的工作状态。

第一章

开办美容院，定位是关键

作为美容院的经营者应该敏锐地把握住这些不同的需求，站在消费者的角度，主动出击，依靠准确的经营定位与特色，开设各种不同风格和类型的美容院，以满足细分化市场的需求。所以，想开一家成功的美容院，就要做好美容院的品牌形象定位、品牌形象定位、消费圈定位、主要服务对象定位、经营项目定位。

开店前要做好市场调查

一家美容院的经营策略与其所处的市场地位有着密切的关系。定位策略随着市场地位的不同也会有所不同。我们可以将一家美容店的市场地位分为四种类型：

引领市场潮流

对于引领市场潮流的美容店而言，合适的策略一般为努力保持优势，持续领跑，增加市场宽度或服务项目。这种类型的美容、美发业老板一定要有市场前瞻性。

青岛某美容、美发中心的刘老板，在2006年5月份得到了一个信息，南方某省某研究所研制的女性防褶皱产品效果相当不错。刘老板立即与在该研究所工作的一个亲戚取得联系，经过考察论证，刘老板果断进货，并在宣传方面花了大力气。由于此类产品主要由中药构成，没有副作用，女性顾客很容易接受，使用后效果非常明显，刘老板的这一产品和他的皮肤护理服务均由此一炮走红。截至目前，省内还没有这种产品，刘老板因此取得了很客观的经济效益和社会效益。

从这个例子可以看出，具有市场前瞻性，往往会给第一个吃螃蟹的人意想不到的惊喜。

同业挑战者

采取差异化经营的策略或在局部竞争要点赶超的策略，对于属于同业挑战者型的美容店而言，是需要考虑的内容。这就要求在某一项或者某一局部具有优于别人的地方。例如，有的美容店就有其特色，即凡是来过三次以上的顾客，均享受七七折优惠。其结果既稳定了固定顾客，又吸引了其他顾客。这就是差异化的长处。

市场追随者

对于属于市场追随者型的美容店而言，可以考虑在局部市场谋求深度开发，不一定要在经营主张上追求一些突破。当然，市场追随者往往不会是最大的赢家，而属于稳扎稳打的一种类型，风险性少了很多，对不追求“大富大贵”而满足“小打小闹”的人是非常适合的。

市场补缺者

在小本创业之前，李春霞是桂林国旅的一名资深导游，收入不菲。一个休息日，她与女友闲来无事去柳州游玩。在商铺如林的柳州街头，一个温馨精致的小店进入她的视线，被装修成原始生态造型的小店号称“个人护理用品专门店”，产品有十几个系列。精美的包装、丰富的种类、专业的服务一下子点燃了李春霞内心的创业热情。

于是，她拿出多年积蓄，联合另一位朋友，去广州进货。当时，广州只有两三家个人护理用品综合企业，其中一家顺理成章地成了她的选择。回到桂林后，她选择了目标客户群集中的桂林正阳路，迅速开起了自己的小店。然而，本来是与好友共同开拓一个新事业，但共同做事却发现，两人的性格与经营理念不一样，试业不到一周就散了伙。

在朋友离去之后，春霞静下心来好好思索，她借鉴旅游食品的传统推销方式，让顾客“先试后买”，一方面赶制了大量小包装护理用品供顾客拿回家使用，另一方面在店内开辟了产品试用区，让顾客在店员的指导下免费试用。这一招立竿见影地提高了营业额。春霞趁热打铁，投入资金做了更深层次的促销活动，重点在当地报纸上推出了大型促销广告，店里的生意随后进入了稳步盈利期。

之后，她循序渐进，制定了相关会员制度，会员可获得6次免费手部护理，吸引顾客进店。那时正是夏天，她就在店里备些凉茶请顾客喝，并手把手地教服务员在顾客喝茶和为顾客护手时与她们交流，从“闲聊”中了解顾客的职业，判断她们的需求，有的放矢推荐产品。就这样，因地制宜的服务宣传方式为小店赢来了生意和大量回头客，春霞在半年不到就收回了全部投资。

当小店步入正轨后，李春霞并没有止步不前，春霞的店里每周都开设专业培训课程，请来资深人员和职业经理人为员工讲座；店里还订购了专业类书籍，通过多种方式提高员工素质。而春霞自己也从来没有放松过学习，她不但考取了中级香熏师资格证，而且每隔半年都会去北京、上海两地考察，看看个人护理用品市场上到底有哪些新概念、新动向。现在，春霞的小店已有了1000多长期固定顾客。

李小姐通过观察城市差异找到创业新点子。因地制宜制定促销手段，通过“先给予”的方式让小城顾客逐渐了解市场新品，是她成功的原因。

对于属于市场补缺者型的美容店而言，这是要冒风险的，一定要注意对所选择市场的价值进行谨慎评估，在有些情况下，还应考虑自身的持续投资能力与市场进入成本。

一般情况下，这种类型有与领导市场潮流一致的地方，选择得好，收益也会很好的。反之，则会由此产生一些损失。所以，采取市场补缺者的定位时一定要谨慎从事。

总之，有一个准确而独特的经营定位，才能使美容店在竞争中不会被对手淘汰出局。

美容院小老板赚钱秘笈

投资者必须在经营前多方面地深入了解市场，确立一个明朗且准确的目标，摆好自己的市场位置，设想应如何最佳定位市场才能产生积极的连锁经济效益。

确认自己的定位标准

随着社会环境的改变和消费形态的多样性，顾客越来越注重多样化、个性化的需求。作为美容院的老板应该敏锐地把握住这些不同的需求，站在顾客的角度，主动出击，依靠准确的市场定位与经营特色，开设各种不同风格和类型的美容院，以满足并细分市场的需求。如何做好定位，大体要注意以下两点：

1. 市场细分

可以根据顾客的消费能力分为高、中、低三个档次的美容要求，也可根据顾客的目标分为保健、医疗、化妆等服务要求。总之，每家店的主要收入应以细分后的主要市场需求为导向，是针对普通人还是瞄准时尚人士，在开业前就应定好位。

2. 差异化经营

差异化经营，是在不影响主流业务情况下的更高追求。比如，美发店里增加“美甲”服务，既不增加房租、设备等直接成本的投入，又不增加人力等间接成本的消耗，何乐而不为呢！

美容院的规模定位

①社区美容院

一般坐落在居民生活小区，面积 50——80 平方米左右主要针对工薪阶层和一部分白领女性就近美容消费需求。

这类美容院数量众多且分布密集，一般经营大众化的保养性护肤但目前普遍存在着经营管理状况欠佳、产品技术落后、美容师队伍不稳定等问题。

这种现状也恰恰给经营者留下了一个巨大的市场空间，经营者应该在企业形象、内部环境、人员技术和产品质量等方面多花心思，为就近消费的女性提供前所未有的全新感受。

②大型综合美容院

面积多在200--400平米左右，环境宽敞优雅、设备先进、技术可靠、管理成熟，面向白领女性，经营项目多样化。

进入21世纪，美容已发展成为一门集美学医学、自然科学等多门学科为一体的综合性学科，顾客对美容的需求由单一化逐渐向多元化转变。现代女性的美容观念早已不局限于单纯的面部护理、形体美容、身体保健乃至放松休闲也逐渐成为现代女性光顾美容院的主要原因。近几年来，集美容、美体、休闲、保健于一体的大型综合美容院获得了巨大发展。

③超大型豪华会员制美容院

在上海、北京等大都市中，随着“金领女性”的不断涌现，超大型豪华会员制美容院已开始初露端倪。

这类美容院投资巨大，面积动辄上千平米，环境豪华高雅，普遍设有专门的停车场，往往引进国际一流的美容美体设备，配有先进的SPA设施和宽敞、豪华的休闲、健身场所，一般实行会员制管理，为客户提供更为细致、周到的服务。

目标客源

也就是确定客户阶层。在竞争激烈、大量同类美容院共存的美容市场中，顾客阶层的划分并不明显，你的美容院要在这种情况下明确界定出目标客源虽然很困难，却是非常必要的。

你是决定谁的生意都要做，还是只做某一层次消费者的生意呢？现在做低层消费者生意，以后是否准备发展中层和高层消费者生意呢？你的选择，将决定美容院的产品结构和服务档次。

在确定目标客源时，可以根据顾客的年龄、性别、职业、收入、受教育程度、社会阶层、居住区域、性格特征等进行市场细分，以更加有效地吸引和满足目标顾客的需求。

就年龄而言，美容人群的年龄分布为15–55岁的男女。如果美容院的主要技术项目是对青春痘等问题性肌肤进行护理，在考虑生活形态，地区差异等因素后，你可以将客户群定为15–25岁和刚工作的青年，而以其他年龄的顾客为次要客源。

如果走的是高档美容院的路线，则客户群的年龄应该提高到24–55岁的职业女性或高收入阶层。如果针对贵妇人、上层太太提供服务，那么就应该选择一些进口的高档产品，从产品，设备到环境、服务，最好能显示出一种尊贵优雅的格调来。

只有大致规划出目标顾客市场后，你才能选择合适的美容院产品定位和收费价位。

确定了目标消费者之后们就要考虑到产品的骨骼问题，而这一点和目标客源的定位是相关的，面向中低收入的消费者，应以中低价位的产品为主，但不妨配合小部分的高价产品。

在制定价格时，可以考虑下面三方面因素，成本费用、市场需求和竞争状况。即要把产品的成本作为基本依据，参考竞争店同类产品的价格，随着竞争状况的变化，确定并不断调整价格，同时注意考察目标客源的需求强度和对价格的承受能力。

要考虑价格的弹性，例如可以考虑分阶段制定价格，对较早光顾新店的顾客给予优惠，当美容院在今后的经营过程中提高价位时，对以前的顾客仍维持原来的价格。差别对待的方式可以留住老顾客，提高顾客忠诚度，增加利润率。

也可采取声望定价法，即针对消费者“一分价钱一分货”的心理对在消费者心目中具有较高信誉的产品制定较高的价格。

针对消费者爱对价格进行比较的心理，将同类产品的价格有意识地分出档次，拉开价格差距，形成价格系列，以此满足顾客”选购、递进”的心理。

价位虽然是灵活的，但你的美容院最好制定一份各类肤质的美容价目手册，根据疗程内容、材料类别，用量等。制定出一套准确明晰的价目表，这样能使顾客获得安全感和信任感也能显出美容院的水准。

服务定位

面对顾客需求多样化的现实，我们一定要明白自己卖的不仅仅是产品、技术更是一种高品质的服务。就像欧莱雅卖的不仅是美容产品，更是关于美的梦想，雪铁龙卖的不仅是汽车更是无后顾之忧的使用过程乐百氏卖的不仅仅是饮用水，更是 27 层过滤代表的纯洁健康。

美容院的服务包括硬件和软件两方面。硬件服务是指设施设备和空间设计装修的组合，硬件服务的定位一方面要依据自己的喜好，更重要的还是满足顾客的心理需求。

软件服务是指美容院的经营理念和文化等综合因素带给顾客的身心享受。这需要经营者从多个方面来考虑。

一项全面而优质的美容服务，还应包括跟进服务，你的美容院最好能在第二天同你的客人进行电话联络，询问她们护理后的感觉，根据顾客的反映调整和改进美容院的服务。

总之，无论是哪种定位才，容院都必须以满足目标顾客的需求为基本原则，你应根据自己的实力来找到自己应该扮演的角色，否则就会造成资金浪费或者大材小用。

美容院小老板赚钱秘笈

美容院的市场定位看似简单，实则复杂，其成功运作都是在进行详尽的市场环境调查和需求分析后量身定做适合自己的管理体系及营销策略。世界营销大师菲利普·科特勒告诉我们：只有定位于消费者的内心深处，才能立于不败之地。

怎样确定美容院的服务项目

美容院的经营中美容服务项目的确定也是非常重要的。美容服务项目确定得合适、准确，会给美容院的经营带来丰厚的利润，反之只会自己砸自己的牌子。

1. 确定安全、可行的美容服务项目

无论是多大规模的美容院，在确定美容服务项目时都要非常谨慎，要注意安全、可行的原则。例如除皱的方法有很多种，可以进行皮肤保养护理，使皮肤皱纹展平、消失，也有运用化妆品去皱。选择哪一种要根据美容院自身情况而定，哪一种技术更好、更安全就选择哪一种。不要跟风，现买现卖，这样都会影响美容院的经营。另外，技术不能达到的领域一定不要涉及，以免发生意外，无论对顾客还是对美容院都是一种损失，切记安全、可行的原则。

2. 选择自己独具特色的、效果明显的项目

现在美容行业已出现了专业店的趋势，有专业瘦身的，专业减肥的等。有特色才有卖点，所以美容院在选择经营项目时一定要选择具有自己特色的，换句话说就是拿手的项目，而且是效果特好的项目。这样才能赢得顾客的口碑，她(他)们会彼此传播某美容院的某项服务项目很不错。如果样样项目都开设了，但是顾客做了之后都是不痛不痒的感觉，那么离关门歇业的日子也不远了。

3. 多层次、多角度地设立美容服务项目

美容院的顾客有高层次的、中等层次的和低等层次的。但无论是哪一层次顾客，她(他)们都为了一个共同的心愿走进美容院，所以在建立美容院服务项目上要呈现多种多样的形式，适应不同的人群的需求。

例如，一个地区人们生活水平都一般，仅有少数人生活水平高一些，在这种情况下，如果美容院的服务项目都是适合高消费人群的，那么可想而知会是一种什么状况。在设立美容项目时一定要分出几个档次，以适应不同消费人群的需求。

4. 服务体系要全面、完备

经营服务项目中不可缺少服务，可以说服务是美容院的软经营项目，所以服务体系一定要全面、完备。例如，顾客一进店门就要为顾客设立服务档案，顾客接受美容后要跟进服务，必要时也可以上门服务。总而言之，一切都是为了顾客，只要顾客满意，万事就 OK 了。

5. 经营化妆品要品牌好、效果佳

经营化妆品也是美容院经营项目中的一项，在选化妆品时一要注意品牌效应，二要看化妆品的效果，只有质量过关的化妆品才是绝好的选择。另外，化妆品也要分几个档次，要做到让顾客既开心又放心。

下面我们为你介绍几种类型的服务项目：

全功能、多角色的服务

这种美容院几乎提供所有的美容服务，如美容、美发、美甲、SPA 等，从纯手法到配搭产品、仪器甚至心理美容、美容医生推介等。它们一般实力雄厚，用高举强攻的姿态亮相。在最显眼的地段、以最多样的服务内容和最大型的场所，来服务当地及邻近地区的目标人群。

也有的美容院是因为竞争对手的出现，而在取长补短过程中使自己功能更全面化的。竞争让消费者有福了。

功能性单一和专一的护理

功能性单一和专一，专攻某一方面的护理，这以纤体机构和丰胸机构最有代表性。这种美容院在广告宣传和店名的选择上都别具匠心，清楚地说明自己的服务定位与品位定位。只要在服务的精致和个性特质上再提高，这种单功能美容院极有可能成为未来最热门的潮流之一。目前流行的专攻水疗的 SPA 其实就表现出了单功能美容院的这种方向。

兼顾女性与男性

正是照顾了消费者的私密需求，一室一配的设施也使来客无需到处走动，越来越多的美容院走出了当初纯为女子服务的概念，而可以同时接待恋人、夫妻，使到美容院不再是女性的专利。不少男士开始时是因为陪女友、太太来，后来在等待的过程中尝试做做沐足、推拿等放松保健的项目，再后来接受美容顾问和家人、女友的建议修身减肥，就这样有了美容的动力。有些设在商务区的美容院，干脆将男宾部单独设立出来，以迎合越来越旺盛的男士纤体美容需求。

美容不忘养生

健康是时下最流行的追求，与健康关系密切的养生就成了热中之热，观念来源于“防”大于“治”的健康概念。养生除了体现在开发越来越多缓解亚健康的美容项目外，时下一个趋势，就是与自然能尽量拉近距离。在市中心的美容院品牌打响后，再将品牌延伸到市郊真山真水的大自然环境中。这是因为，越来越多的老板、白领、办公室文员进美容院不再仅仅只是关注身形和皮肤，更多的是为了疲惫的身心得到放松，偶有不适的身体得到保健。

适合养生之地，不仅有山有水，还要食物有机天然，同时还可一站式享受到市中心美容院提供的所有项目和服务。与现实中烦嚣的生活有段距离，身心灵全面得到放松滋养，这样的美容才能达到养生、健康的终极目的。

高档美容院会所化

服务的对象基本是高端人群，不仅提供美容、美发、美甲、SPA等全套服务，还有心理美容、健身等多元化的服务。融健身美容、医疗咨询、财经顾问和法律援助及心理咨询于一体。

这类女子会所，会定期向会员提供时尚生活资讯，邀请不同风格的服装设计及形象设计专业人士主持沙龙专题研讨，此外还涉及礼仪、化妆、美容、心理学、健身、音乐、绘画、教育、婚姻等话题。定期举办会员小范围聚会，满足她们“圈内人”的心理需求。此外，特别引人注目的还有互动节目，像驾车自助旅游、时尚party之类，给独立自主的女性提供了自由的空间。在小美容院低价战略的压力下，中高档美容院通过提升服务，做细节来抓住高端客户。

美容院小老板赚钱秘笈

不同的美容院有不同的服务项目，只有把自己的服务项目定位准确，才会抓住目标受众，才能使自己的美容院有声有色。

做好美容院服务对象的定位

美容院服务对象的定位，一般也被称为目标客户的定位。它的主要目的就是明确自己的美容店主要针对哪些消费群体。

消费人群的确定其实也是市场调查的一部分，同时也是为美容产品定价的标准，所以消费人群调查是很重要的。

消费人群的确定必须符合实际，并且要进行细致周密的调查。一个名为“梦想”的美容院没有经过实际调查就定下消费群体，结果营业期间生意一直不好。后来老板打听到，是自己美容院服务项目的价格太高，虽然在这一商圈内是首家高档次的美容院，但人们消费水平达不到，没有或极少有这一档次的消费人群，所以才造成生意萧条的局面。消费人群的确定，一定要符合当地或该商圈内的实际情况。

在确定消费群体时，通常要考虑以下几个方面：

顾客的性别

由于性别的不同，对美的追求程度也不同，除了一些大型城市以外，男士光顾美容院的人数、次数小于女士。

顾客的年龄

一般情况下，女性顾客的年龄特征与消费。理如下：

30 岁前（未婚）：“想怎么做就怎么做，只要我喜欢。”是一条很重要的标准，强调自我及个性，只要喜欢，花再多钱也愿意。

30 岁前（已婚）：喜欢尝试也容易接受新事物，尤其对于“舶来品”有特别偏爱，若无小孩，经济会更充裕，生活质量要求更高。

31 ~ 36 岁：家庭、职业已稳定，社会经验丰富，心理成熟，追求一种成熟女性的风采，愈有价值的商品愈能获其青睐，是“高级品”的爱用者。

37 ~ 46 岁：是属于实力比较坚实的消费群体，有充裕的时间、精力来从事消费，有主见，有 65%一 75%是职业妇女。

47 ~ 59 岁：重视生活品质，健康及安全、舒适的产品会更受青睐。

一般情况下，对男士而言，注重风度、偏好适用、简洁明快等，应该是他们的首选目标。

美容院的老板在决定开店之前，一定要做好调查研究，确保店铺能取得好的效益。

顾客的职业

顾客的职业特征往往决定着她们的消费取向。顾客一般会根据自己的职业特点，有选择地去美容院进行消费。

从事经常出入公共、社交场合的一类人，一般是很在意自己发型的。因为这是给对方留下第一印象的关键所在。这些人会根据年龄段和个人的喜好不同，经常解决自己的“头部问题”。美容院对这部分人一定不要忽视，要有因人而异的邀约服务办法——“短平快”，类似西药治疗。还要有能够使顾客高兴的中肯的意见和建议。

还有一部分不太深人公共、社交场所，这是由职业和性格决定的。对这些人来讲，主要采取平稳的做法，适合使用一些效果好的长线产品和服务，类似于中医疗法。

当然，顾客的职业包罗万象，不可能有完全适合的最佳方法。这就需要美容院认真地筛选，采取不同的手段，以变制变，才能达到顾客满意的实际效果。

顾客的文化心态

顾客的文化心态是错综复杂的。有什么样的文化心态，就有什么样的消费方式。美容院在接触顾客的时候，了解其文化心态以便“对症下药”，也容易使顾客接受自己的产品或服务。

如果顾客接受一些很新潮很开放的“先进文化”，喜欢标新立异追赶潮流，那么就可以推荐新型的美容、美体、美发服务；如果顾客对传统的事物一直念念不忘，那么就要考虑一些顾客容易接受的传统服务，在灌输新理念的时候就必须谨慎一些。

顾客的生活方式

顾客的生活方式也同样值得关注。一个人选择什么样的生活方式，是一个人的自由。生活方式的选择，经济条件占据主导地位。

美容院接触顾客的时候，了解顾客的生活方式，就可以决定推荐使用什么样的产品或服务。喜欢奢华的顾客，品牌产品是首选，新潮服务是目标；追求生活质量的人，不是不在乎金钱，而是特别在乎自己的面子和身体。

顾客的娱乐方式与爱好

有的顾客喜欢运动健身，美容院的服务就要顺应顾客特点，外用或外敷的产品就显得不合时宜。比如发型设计，轻松飘逸是顾客喜欢的，选择简洁明快的，顾客当然会满意。

有的顾客喜欢猎奇，新潮的产品或服务很容易接受。不妨推荐一些新型的有奇特视感的产品或服务。

美容院的老板应该意识到，只知道顾客的名字还远远不够，还应了解顾客工作、性格等，如何接近顾客并取得顾客的欢心也是需要认真研究的。对于已经有一定经营历史的美容院，这一工作除了宏观分析，更多的，可以通过顾客档案的分析研究来完成。

美容院小老板赚钱秘笈

消费人群的确定要多层次定位，美容院的服务项目也要根据消费人群的确定分几个档次。可以根据消费人群的高、中、低，设立美容的金、银、铜卡等服务项目。这样，不同的消费人群在自己可以承受的消费范围内享受美容院的服务。

比较受欢迎的美容项目

美容、美发这个行业不断地发生日新月异的变化，来源于它具有非常广阔的市场空间。而市场的不断细分，服务项目也随之层出不穷。

纤体，最火暴的项目

所谓“纤体”，是从传统美容、美体业中脱颖而出的国际时尚理念和健身方法。说得通俗一些就是借助某种手段，把自己的身体调理得或苗条或丰满、或极富弹性、或白皙光泽等。它整合了医学、营养学及物理学原理，与传统的减重、减肥等美体瘦身方法有所不同，既是顺应顾客需求而产生，也是因行业的技术和经营服务发展到一定水平而产生。纤体行业的特点决定了纤体公司更加依靠高科技仪器组合、体质检测及膳食平衡等手段，来达到美容、美体的效果。这无疑对终端纤体会所的经营水平提出了更严格的要求，无形中也相应地提高了纤体行业的投资门槛。

在我国的许多大、中城市，纤体项目已经由点带面陆续地铺开，也越来越受到人们的喜爱。

减肥，以新奇取胜

减肥产品与技术继续保持火暴的发展势头。各种各样减肥产品与方法令人眼花缭乱、目不暇接，从内到外、从头到脚、从站着玩儿到坐着喝咖啡，七十二般武艺全部派上用场。一些以新奇、快速著称的减肥产品相继亮相登场，例如，“中药一抹瘦”“轻身木糖醇”“纤体魔液”“血液减肥”“洗澡减肥”“减肥咖啡”“神枪一喷瘦”“温阳减肥”“1 分钟减肥”“咀嚼减肥”“喷雾瘦身”“指环锥排痧纤体”“喝水减肥”……

减肥，在中国永远有广大的市场空间。

天然护肤，受追捧的项目

如何使自己的皮肤更富有弹性、更具有光泽，整个人显得更青春靓丽，是人们尤其是女性不怕大把花钱要追求的目标。

中医仍然在美容界一路高走，但不同的是，五行八卦经络理论、归经掌灸、锥疗、π 元素能量等理论也被添加进了产品概念中，和传统的针灸、刮痧一起，在美容市场交相辉映、各展风姿。看来，一场全新的护肤减肥风暴将在爱美的女性中再度掀起……

韩国美容，被看好的项目

韩剧热播也掀起了韩氏美容的风潮。许多美容化妆品生产厂家纷纷推出了自己的“韩国”产品，其产品种类包括精油、护肤、丰胸、减肥、护眼、健康食品等。除了已经在业界创下一定知名度的尹姬品牌以外，最近新出现了主营韩式产品的品牌，引进的韩国美容科技元素，为产品注入了韩式元素。

从这个意义上讲，韩国美容也一定会在国内市场占据一席之地。

仪器美容，具有竞争力的项目

美容、美体仪器继续保持升温的良好势头，但是一些大的仪器品牌已经逐渐取代小型的仪器品牌。如金威源、金仪美、泰富、新科以仁、银狐、东洋、治强、宏强骏业、狄比等美容、美体仪器厂家纷纷推出了自己的更新换代产品，无论是光子美肤产品还是美容、美体仪器，都成为人们的又一关注热点。光学仪器等高科技化是仪器美容发展的趋势。如随着蓝牙耳机风行，现在纤体也进行蓝牙，并宣称由英国某机构的数十位科学家经过5年的研究开发，是国际最顶尖的体外瘦身塑形设备，将无线蓝牙科技成功应用于快速融脂领域。

男士美容，具有期待的项目

美容不再是女性的“专利”，男性美容渐渐成为国际流行趋势之一。很多专门针对男性的美容经营方式，比如男士品牌专卖店，男士美容院，美容院男宾服务专区，男士SPA会所等经营模式相继出现，已经成为市场新的消费热点和利润增长点。目前男士化妆品大致有须后水、香水、护发产品、护肤产品、剃须膏等品种。近年来，与男性相关的美容疗程护理也和男士专用产品一起，逐渐成为市场的关注热点。随着男士的美容意识增强，男士的需求品种还会不断扩大，而且会朝着美容、营养、理疗、多功能以及原料天然化的方向发展。

男士美容，是美容、美发业新的经济增长点。

美容院小老板赚钱秘笈

目前美容业比较发达，但是并不是所有的项目都具有投资价值，投资者也注意市场考察，选择受众比较喜欢的美容项目进行投资，这样才会赚取工更多的钱。

选择适合自己的美容产品

美容产品的选用主要取决于美容院经营者本身的经营定位和客户选择。客人满意的产品就是好产品。

高档店通常选择外国名牌的高价位产品，它的客户群有支付能力；疗效型店多选择国产疗效型产品，它的客户习惯依赖自己常用的产品；小店多选择低价位的批量产品。

美容院是直接将护肤品服务于顾客，并和顾客进行产品交流的场所，消费者可以从这里获得美容资讯与指导。美容院是护肤品使用的前线，护肤品是美容院经营的基础。护肤品的好坏，在美容院能得到最迅速的反馈及第一手资料，并直接影响着美容院的业绩。

美容院又该如何确定自己的产品呢？

选择自己需要的

每个美容院都有自己的特点，在选择美容、美发产品时要结合自身特点做出取舍，还要看自己的美容院是不是对一些产品有特殊要求。例如，如果是专门为男士服务的美容院，而且专服务于“白领”男士，就该选择很有档次和品位的男士美容、美发化妆品品牌。有的美容院以中医美容为主，那么就要考虑产品的中医美容、美发疗效，而不能一味地模仿其他店追求洋品牌。

由于全国各地水土、气候、饮食习惯等差别较大，因此各地人群的肌肤状况也不同，对美容、美发产品就会有不同的需求。在甲地很流行的产品拿到乙地就不一定适用。所以，不同地域的美容院不能盲目断定某一产品是最佳产品，在产品选择上一定要因地制宜，并仔细观察与分析产品对不同类型肌肤的作用和疗效，做出有针对性的选择。只有这样，选购产品的准确性、成功率才会高。

例如，同样是南方，广东一带气温高、气候潮湿，加之饮食等原因，一般人肌肤毛孔粗大，油脂分泌旺盛，易生粉刺，而浙江一带，四季相对均衡，水质温和，人们的饮食清淡，肌肤相对就较为细腻。

由此可见，异地的美容院对产品的要求自然就会有所侧重。

专业性的产品

作为美容院专业人士，只有了解产品的原料及配制的一些基本情况和作用，才能更好地对产品做出选择，也才有可能对顾客进行必要的专业指导，从而以内行人的身份出现，获得他们的信赖。

例如，什么是透明质酸，什么是蛋白酶，什么是SOD等。一旦了解这些基础专业知识，在选择产品时才会做到胸有成竹，销售这些产品时也是胜券在握。顾客提出这样或那样的问题就会自如应对。这样就极具可信度，顾客不掏腰包怕是很难了。

选择符合顾客的产品

每个美容院一般都有自己的消费群体，产品的选择一定要考虑到群体的消费能力和习惯，投其所好，这样才能得到顾客的呼应和投入。一旦违背这一规律而盲目地加以选购，就很容易造成产品积压，既浪费了资源，又增加了成本，最终对顾客和美容院都无益处。

自己亲身体现

试后再选，就增加了几成胜算。到美容院做皮肤护理的顾客，都希望自己的肌肤在原有的状态下有所改善。所以，美容院在选择产品时最好先在内部人员中试用几次，感觉效果不错再小批量购进。这样，才可以既不会因盲目进货而造成经济损失，也不会因产品选择错误而损伤了顾客的肌肤，丧失美容店的信誉。

对产品的试用情况，可从产品的气味、手感、质地及用后效果来进行判断。当然，效果是因人而异的，如用后无过敏现象，感觉舒服，肌肤状况有一定改善就可初步判断此产品的效果较好。

如果出现使用后就有了立竿见影的效果，用了一两次就判若两人似的则要警惕了。因为按常规推断，肌肤保养护理是一个循序渐进的过程，高速蜕变在某种意义上就意味着危机四伏，很有可能是激素或化学成分在起着作用。只有在确保长期使用该产品效果

不错的情况下才可以给顾客使用，这既是对顾客的一种尊重和保证，也是保障美容店规避风险的有效措施。

拒绝假劣的原则

贪小便宜吃大亏，此类教训不胜枚举。

值得特别提醒的是，美容院无论大小，切不可贪小便宜而使用假冒伪劣产品。“假冒伪劣产品害死人”，轻则影响顾客美容效果，重则会彻底毁坏美容院声誉从而一败涂地，更有甚者还要负法律责任的。

近年来，由于美容院使用不合格美容、美发产品，而导致顾客毁伤投诉案例不断增加，所以顾客越来越重视美容院里产品的品牌，对产品也是越来越挑剔。严格考察美容、美发化妆品公司所拥有的合法证件、手续、产品质量的相关证明，并在签订购货合约时注明因产品质量导致事故的责任方所需承担的责任，是美容院必须要采取的自我保护措施。只有这样，才能在保护美容院利益的同时，保障顾客的权益。

详细考察产品的生产企业

一个企业的老板是不是注重品牌的长期可持续发展，是决定这个企业

兴衰荣辱的大问题。品牌化战略的企业一般均有中长期发展计划，他们视品牌如生命，不仅以提供高品质的产品为己任，而且还能提供高附加值的服务。

这类企业总是把顾客需求放在第一位，不仅传授产品的一些技术，还会指导经营管理的方法和灌输新的理念。实际情况是他们并不夸夸其谈，而是能做什么就说什么，始终遵循实事求是的原则，他们追求的是长期稳步的发展。

而有一些急功近利的企业，不择手段，为了快速挣钱，对产品品质想得很少，不经过必要的测试就仓促推向市场，这无疑是把风险转嫁给美容店。一旦出现美容事故，厂家往往把责任推得一干二净，只能让美容院自己收拾残局。通过对产品生产企业的对比，美容店就会做出正确的选择。

靠时间来检验产品品质

时间是最好的试金石。有的美容店做得就很好，他们并不着急决定跟哪家合作，而是看一个品牌成长了一定时间以后，既了解了产品的性能特点，又掌握了顾客的建议和意见，认为确实不错，才与其合作。因为品牌成熟了，使用起来才更放心。

还有价格、品牌形象、经营管理等方面，也都是需要综合考虑的要素，也是美容老板要引起注意的地方。

总而言之，美容院是直接将美容、美发产品服务于顾客，是检验美容、美发产品优劣的前沿阵地。因此，美容、美发产品是美容院经营的基础，产品的好坏直接影响着美容院的生存。

美容院小老板赚钱秘笈

每个美容院皆有自身的特色，在选择美容产品时要依据本人特征质量身购买，要看本人的美容院有没有对于美容产品有特别请求。

美容院的主要经营模式

美容作为产业，正处于市场发展的快速增长时期，营业增长速度超过其它行业水平。另外，由于美容业以民营资本为主，将是国家下一步启动和激励民间投资的重要领域之一。为了扩大就业范围，政府将以更多的优惠政策向美容业体面斜和扶持，给美容业的持续稳定发展提供了更大的机会。

大型休闲俱乐部会所形式

从一些发达国家美容发展趋势来看，许多美容中心已经转型为这种大型的休闲俱乐部会所形式，设置齐全，环境幽雅。消费上普遍采用 VIP 付费制，吸纳大部分高消费群体。随着中国国内富有阶层的出现，一部分新生代消费群体迅速崛起，目前此种形式在一些大中城市已渐成雏形，具有一定的市场。一方面，VIP 会员作为一种身份和地位的象征，迎合了一些追求时尚和品位的高消费女性的需求。另一方面，这种复合式功能的休闲俱乐部亦满足了这部分群体对于美容方面的多元化需求。因此，如果你的美容院已有了多年经营管理经验，积累了大批的高档消费群体，不妨从原有的单一化作坊式经营，转型为更高一个层面的休闲俱乐部或女性会所形式。

品牌直营连锁形式

根据日本零售业的资料统计，有 80% 的独立开店者第一年就关门大吉，能撑到第五年者只有 8%，而连锁店第一年就结束营业者仅有 20%，有 77% 的连锁店能存活到第五年，这个调查就证明“加盟会比自行创业划算”。

信誉优良的著名连锁机构一般走的是稳健扩张之路，例如从所周知的麦当劳，肯德基等国际性知名品牌，已成为品牌加盟成功的典范与象征。因此，具有一定开店经验，连锁店数达到一定规模或发展至少三年以上的总部，比较有经营保障。有些新兴加盟体系，本身在市场上发展的时间就不够长，还没有经过市场的经验，顾客的消费习惯尚未养成，容易造成暂时生意兴隆的假象，而经过市场洗牌的结果，沉淀下来的必然是少数口碑良好、理念出新的品牌机构。因此选择一家经过了市场洗礼的美容机构加盟连锁，无疑是一条较低风险，稳健发展的经营之路。

专业特色美容院

随着美容市场的进一步细分，如今的美容化妆品行业除了传统的护肤品和彩妆两大块以外，调整型内衣，健康食品、香薰精油、各种用途的美容仪器等亦成为与美容业息息相关的附属品，其中化妆品在功能上除了传统的美白祛斑和防皱抗衰老两大类之外，更衍生出了瘦身、丰胸等一些新的功能性产品。

因此，在日益竞争激烈，众多美容院一窝蜂贪大求全的情况下，另辟蹊径，针对部分特定的消费群体而开设的一种专营店也是夹缝中求生存的途径。这要求美容院必须在技术或项目设置上创造出某一方面的优势与特色，利用口碑效应的传播来求得立足之地。这样也许不能成为本地规模最大的美容院，但可以成为某方面最具技术特色的美容院。

例如医疗行业中的各种结核病医院、眼科医院、整形医院等，无不是以自身特色见长。因此，一些经营上平淡无奇的美容院，应当从现在起检视自身资源优劣，逐步做出正确客观的定位。例如专业祛斑、专业文绣、专业美甲、专业形象设计、专业SPA、专业美体、男士专业美容等。

家庭式美容院

由于国内经济发展及消费水平的不平衡，大多数人尚在奔小康阶段，但爱美之心却无贫富之分，因此价廉物美的家庭美容院无疑是这部分群体的最佳选择。家庭美容院大多位于普通住宅小区大楼内，作为一种经营形态的补充，凭借地缘关系以及亲切、温馨、方便、快捷的服务满足了本区域内大部分求廉求美的女性居民的要求。

因此，一些经济实力、人员技术较为薄弱的小型美容院，避开与大型美容中心的正面交锋，选择在各方面费用相对低廉的小区住宅内，亦住亦商，亦不失为一种较好的低成本经营策略。

当然，一家美容院的成功与否，尚受诸多来自内部与外部的各方面因素的制约，诸如区域消费水平、商圈环境、人员素质、内部管理等。因此，美容院一定要结合自身实际情况，使资源得到最合理、最充分的整合，以便更好地迎接下一轮的市场挑战。

美容+美发+培训学校的综合实体模式

规模相对较大。美容、美发、健身、美体，业务种类综合；男女老幼不一而足，客户对象庞杂。这种模式，先用美容美发培训开始招生收费，培训后的生源被美容院院自我消化，因为包工作对社会上急于就业的年轻女孩很有吸引力，从而也保持了很好的生存空间。而培训学校学员用的产品和美容院院消耗的产品量，保证了类似模式虽然扩张不易，但是利润可观。同时大部分这类企业都是由于进入早，而拥有对当地业内同行的影响力，同时也兼做厂家的仪器或产品代理，利润来源多样。这类企业因为内部循环良好，危机意识很弱，最后会面临定位困难的局面，在发展时会受到局限。

电脑网络经营

Internet以其无可比拟的优越性迅速燃遍中国大地，美容业固然也有可避免地遭到网路。最近，有报道有某女性网站与美容专家联合出勤，给该网站带来热闹的人气和可观的全球经济，美容业当然也可籍此类活动达到宣传与销售的目的。值得一提的是网站的成功与传统企业的成功并无二致，依靠的是完善的管理，成功的市场运作和独具特色的产品，涉足网路经营同样不可忽视这几个方面，美容业在未来的发展中应通过因特网宣传自己的产品和服务，与用户及其他企业建立即时性互助的资讯交换、达到生产、流通、消费各环节的商务，实现企业的经营管理全面资讯化，才能将商务在这一切新经济领域中延展开来，真正体会到网路式经营带来的甜头。

美容院小老板赚钱秘笈

因为各地消费习惯和业态模式的多样化，细分性质的美容院会越来越占主导地位，综合模式的公司如果实力不足的话，想扩张还是有难度的。所以投资者要根据自己的实际情况，选择自己的经营模式。

项目定价要考虑诸多因素

价格的重要性自不必细言，但作为美容院的老板，在给美容项目定价的时候，都需要考虑哪些因素呢？

地域性很重要

地域性即当地条件，它常常决定一个地方的消费水平。一个地区的经济发展状况、人口规模、地域特点、文化构成等，都会直接影响美容院的效益。

有关这些情况，美容院的老板要认真考虑。

具体讲，大都市和小乡镇有区别，黄金地段和一般地段有区别，交通方便的地方与交通不便的地方有区别，高级住宅区和一般住宅区还有区别。一般情况下，在大都市、黄金地段、高级住宅区和交通方便的地方，美容院要注重品牌效应，服务设施要先进，服务手段要新颖，店面装饰装修要大气。价格高一些可以，但是不能离谱。

而在小乡镇、一般地段、一般住宅区和交通不便的地方，就要考虑小成本的投入，或聚堆经营或突出一两项特色项目，平民化特色要强。价格方面类似批发产品沾利就可，求广结财缘，不能横刀宰客。

美容技术不可低估

美容技术水平高低是决定价格的一项重要因素。

这就好比明星出场费一样，人气旺的出场费就高，人们也容易接受，美容院也是如此。店铺有了远近闻名的美容师，顾客当然愿意到这里来接受服务，即便价格高了一些，顾客也愿意承受。因为，美容师的服务是出色的，他的技术是通过实践检验的，是广大顾客的口碑形成的。

在有关价格管理部门许可的情况下，价位偏高一些也是很正常的。反之，美容技术水平不高，价格定得再离谱，顾客绝对不会上当的。

待客服务质量不能忽视

服务态度的好与坏，对于价格的确定也很重要。美容师有了高水平的技术，就盛气凌人地慢待顾客，绝对不可以。因为顾客花钱是买好产品、好服务的，也是买好心情的。因为美容、美发业不是垄断行业，离了一家就没有第二家可寻了。

所以说，有了高水平并不是什么都具备了，就可以高枕无忧了，还要在优质服务方面下些力气。技术超人，服务又令顾客满意的店铺，价格定得稍高一些，顾客也是可以理解的。

如果技术平平，服务态度又不好，顾客会来吗？顾客不来，定得价格或高或低又有谁来消费？

店面形象也有影响

我们都有这样的感受：到星级酒店消费就是比街头的小吃部要多掏钱，而且是掏得心甘情愿。到美容院接受产品或服务也同样如此。

一家美容院的整个店面设计装潢给人的感觉也能影响价格。大气的、豪华的，就有品位，就显得与众不同，顾客有贵族感觉，价格高些也不过分。

如果是很一般的装饰装修，面积又不大，也没有太出奇的地方，也就只好在其他方面寻找出路了。

固定顾客的水准和比例

对美容院而言，若固定顾客的水准高，则是很幸运的。因为顾客的消费能力相对较高，接受高价的可能性会大一些。若固定顾客的比例大，或许因为对该店技术或产品的认同而愿意接受现有的价格。显而易见，店铺的利润就会更大。不过一旦价格提高到某一程度，这些顾客也会做出对店铺不利的选择，转到其他竞争对手的机会相对也会大了一些。

所以说，美容院的老板不要太贪心，细水长流是经营之本，千万别把顾客给吓跑了。顾客一旦离去，回来的机会就是很渺茫了。

原来价格也是参数

美容院在想提高价格的时候，一定要考虑好由此所产生的负面影响。

要知道，顾客所能接受的价格增长幅度在10%～20%之间，超过原价太高，顾客就会好好考虑一番了：“是不是有哄抬价格之嫌？看我们是绵羊啊，好宰吧！”

当然，行业整体提高价位则另当别论。整个店的形象设计完全改变，服务项目也作了一番较大的变动，只要取得顾客的理解，在原来的价格基础上提高的幅度很大，也不是不可以的。

该地区的平均价格水平

该地区的平均价格水平，决定着美容院的价格定位。不了解这些而漫天要价是要吃亏的。

美容院的老板一定要考虑该地区其他美容院的收费标准、价格平均值，然后对照自己店的产品、技术和服务品质，再决定相宜的收费标准，是最稳妥的定价方法。

美容院小老板赚钱秘笈

价格战是一把“双刃剑”，用得好了，商家可以吸引更多的顾客，从而达到提高知名度和促销的目的；用得不好，则容易导致商家资金链条的崩溃，从而走向衰落甚至倒闭。

定价的技巧与方法

美容院的产品和其他服务的定价，也有技巧可言。在比照其他店铺的价位以后，从生产厂家或是代理商那里采购的产品，如何加价，加价的幅度怎样；一些相关的服务，在什么价位上最合适，有没有特色服务需要大幅度提高价格的可能等，都需要美容院的老板认真研究和思考。

价格是人们最关心的一个话题。美容院的定价技巧到底体现在哪些方面呢？

价格走向不要极端化

对于产品的价格问题，大部分人会有两种极端的态度。第一种是贪便宜型。这一部分人往往会单纯地考虑省钱，而忽略考虑产品因为工艺不同而产生的质量、效果上的巨大差异，只求价格低廉，却恰恰忘记了产品本身所具有的使用价值的问题。而另一种就是是崇洋媚外型。信奉“外国的月亮就是比中国的圆”的极端理念，认为什么都是进口的好。而实际情况又是怎样的呢？就美容用品和设备而言，有一些国货精品，足以和进口的产品相比，不论是功效还是技术都不逊色于进口货，但价格却比进口的要低得多。另外，国货还有一个最明显的优势，那就是服务：售前的培训和售后的维修。由此可见，这两种态度都不可取。美容院采购什么样的产品，上什么档次的设备或项目，一要看顾客的需求，二要考虑自身的经济实力。在此基础上确定适当的价格才是明智之举，万万不可非左即右。

揣摩顾客心理制定价格

因为价格本身就代表了在人们心中的期望值。如这个产品价格很贵，人们就常常认为这个产品应该是个好东西。若价格很便宜时，顾客也就会想这个产品肯定不像宣传的那样好。

专家认为，在定价时，就要考虑到这个因素。尤其是美容、美发业更要考虑这个因素。当别人完全接受完你的服务之后，才知道其服务的含金量是多少，若价格定得太低，无形当中也就贬低了其服务的含金量。当人们走进你的美容院时，若价格非常低，他们就会想这么便宜的东西会有什么专业程度、专业技术；若价格太贵时，会认为你的店是漫天要价，根本就没有达到这个水平，为什么收这么高的价格。所以在价格的定位上，重视顾客的心理反应，找准利润和顾客认可的结合点，是非常重要的。

打折获取顾客欢心

折扣是顾客很喜欢的一种交易方式。如：顾客买一些月卡(一次消费是200元，但有月卡以后，就有一定的折扣)、半年卡、年卡、贵宾卡等应该有不同程度的折扣。因为购买了美容院的优惠卡，肯定就会来这里消费。美容院在定价的时候要考虑到价格的定位、价格的折扣。不妨算一笔细账，发出了若干张优惠卡，就等于拴住了顾客的身子，来店铺消费只是时间问题。况且，店铺有最后的时间期限，顾客觉得省了钱，店铺又有利润可赚，当然是双方皆大欢喜的事情了。

适当变通现金交易

美容院在考虑付款方式的时候，首先要想到顾客的一个特点，就是不愿意当时给付现金。若顾客买了1000元的化妆品，当付现金时就会很心疼，所以有些店就用信用卡，让其刷卡消费，这样一来就好像买东西没有付钱一样。其实，到时候顾客还得交钱，只不过顾客喜欢这样的方式罢了。

运用心理战术制定价格

往往有一种有趣的现象，相信大家都有所领教：如某东西3.9元、4.9元或5.9元，为什么它不定价为4元、5元或6元，付款时还要找给别人1毛钱呢？因为人们心里想只是3元多、4元多、5元多而并不是4元、5元或6元。所以，美容院也要考虑这些因素，顾客心中价格衡量已经受到这个因素的影响，对店铺来说也就是费点事的问题。因此，美容院要运用心理战术制定价格，让顾客觉得有便宜，如此下来，美容院的利润就更加丰厚了。

美容院小老板赚钱秘笈

我们知道了价格因素的重要性，就会理性地制定产品和相关服务的一系列的价格。既笼络住了顾客，又有了利润，这是美容院最希望看到的事。

第二章

旺铺选择使你生意红火

要想开一家美容院，除去一些商业或交通以及投资者的资金承受能力等因素以外，位置的选择也是相当重要。选好地址也是美容院成功的前提条件。美容院选址需要周密的计划，进行审慎的定性，定量分析，不仅考验创业者的市场分析能力，更体现了创业者是否具体分析美容业前景的能力。

店址差一寸，生意差一丈

店址对于店铺生意的好坏起着一定的作用。“店址差一寸，营业差一丈”，这句话有一定的道理。所谓好店铺，一般就是人流、财流、信息流交换得最快、最活跃的地方。

美容院是不折不扣的服务经营型店铺，需在指定的地址与商圈内展开活动，而绝不是像小推车一样可以四处游动。因此说，美容院地址的选择也是至关重要的。

店铺位置不是能找到位置就好了吗？何须考虑这么多？或许有些人只是为了省事，以为做好品牌就好把生意做好。其实，关键的还是要选好店址。没有好的店址，你再好的品牌没有人知道你开在哪，还是会没人光顾。开店选址需慎重考虑，而门面就像是人一张脸，需要修饰才能给人留有好印象。

选择一个黄金地段，可能要相应提高一些成本，美容院不妨把这笔经济账好好算算。如果是长远经营的话，这条路就走得值。因为这里潜在的利益是无限的，老顾客姑且不提，最主要的是容易吸引新的顾客，如此良性地循环，生意会越做越大、越做越好。

通常情况下，店址被视为美容院的主要资源之一，有人甚至以“位置，位置，再位置”来着力强调。适当的店址对美容院的产品销售和有偿服务有着举足轻重的影响。为了选择适当的店址，美容院的创办需要对周边的商圈和人流进行客观分析。

美容院的店址不管是租借还是购买的，确定之后，就需要资金投入，装修装饰店铺。装修装饰的费用一般也不低，当外部环境发生变化时，它不可能随之做出相应的调整。因此，必须深入调查，周密考虑，妥善规划，才能做出最好的选择。比如，所选的地方短期内有没有拆迁的可能、四周的建设布局有没有大的调整等，都是需要考虑的问题。

不同的社会地理环境、人口交通状况、市政规划等因素反映了本地区的地貌特征，而这些特征分别制约着所在地区美容院的顾客来源、特点和美容院对经营的产品、价格、促销活动的选择。所以，老板在确定经营目标和制定经营策略时，必须要考虑店址所在地区的一些特点，制定贴近现实的目标和策略。

从节省顾客时间、费用角度出发，给顾客提供一切可以提供的便利条件，否则会失去顾客的信赖、支持，美容院也就失去了存在的意义。当然，不是说店址最接近顾客就是便利顾客的全部内容了，还要考虑到大多数目标顾客的需求特点和消费习惯，力求为顾客提供广泛选择的机会，使其购买到最满意的美容、美发产品和服务而获得满足，进而拉动其他顾客来接受产品和服务。

俗话说，天时不如地利。选择了一个好店址，也就意味着其享有优越的“地利”优势。在同行业美容院之中，如果在产品构成、经营服务水平、规模基本相同的情况下，选择合适店址的优势就会更加明显。

一般而言，美容院所能辐射的地理范围集中在半径公里内。美容院经营者应致力于摸清周边常驻人口的数量、主要特征、大致收入水平、职业背景等。对于中小美容院经营者来说，由于人力、财力、能力等局限，细致、周密的市场调研根本无法做到。笔者建议可通过观察法和征询法。观察法：抽出时间实地观察美容院所在区域不同时间段节假日周末、平常日、上午、下午、傍晚等周边流动的人群，分析判断这些人群大致特征。征询法：通过在附近商家消费或逛楼盘等方式与人聊天来收集大量的一手信息。比如：是年轻人较多还是中老年居多？是新潮的人多还是保守居家人多？是在外做工的多还是就近工作的多？是一般工薪阶层多还是做老板居多？等等。于是就可以大致了解周边潜在消费人群的消费能力。

经营者应非常了解周边居民小区、美容院、其他商业业态、交通口岸等分布及其概况。笔者建议可通过查看地图法和实地巡查法。查看地图法：通过查看实用的印刷版地图和新颖的网络电子地图、三维地图等来获得信息，可以节省大量时间和精力，不足之处在于可能无法详尽或记实。实地巡查法可与之前的观察法相结合，可以收集到大量一手信息。比如：附近小区是入住率不高的新建小区还是成熟的小区是有大型商超还是仅有若干小型便利店是有很多家还是只有几家化妆品店是有很多中高餐饮店还是基本都是小食店等。尤其是对于周边同业的美容院，完全可以通过陌生拜访、体验、虚拟咨询来进一步了解其经营项目、价位、内部布局环境等信息。

对创业者来说，店铺的选址是一项关乎生意兴衰的重要因素。在选址的过程中，不仅要从人口密度、地理环境、地形特点等常规的方面进行考量，还要从区域经济、收入水平、居住区规划等发展趋势加以考虑。另外，店铺所在道路的特点、店铺的构型都应纳入考虑因素之中。选择合适的店址，应综合以上的各种因素加以考量，如果是开设加盟店的话，还应善于取得加盟总部的支持，借助加盟总部的专家的经验对店址进行评估论证，切忌盲目开店。

美容院小老板赚钱秘笈

“天时不如地利”，店址选择得当，意味商家拥有优越的“地利”优势。在同行业商店规模相当，商品构成和营销服务水平基本相同的情况下，有利的店址无疑会占据较大的优势，更能为商家带来良好的经济效益。所以，在分析经济效益的过程中，绝不可忽视店址的影响效果。

美容院选址时要考虑的因素

对于美容院而言，房租是最固定的营运成本，尤其在寸士寸金的黄金地段，房租往往是开店的一大负担。有些美容院规模大，需要大空间，最好设址在低租金区，而有些美容院规模小，不怎么占空间，又定位在特色服务的，则可设于高租金区。租约有固定价格及店面收入百分比两种，前者租金是固定不变的，后者租金较低，但房东分享总收入的百分比，类似以店面来投资做股东。

对于新加入此行业的人士来说，比较划算的方式是与房东签订一年或两年租期，有更新更好的选择的时候也容易脱身。除此之外，交通、客流和竞争三大因素也应是美容院重点考虑的因素。

交通是否便利

这里说的交通便利是狭义的。

要考虑店面有几面正对大马路(店面用地面临道路的方位越多，顾客越容易看到，越有利)；店面是否位于公车站牌附近有利的地点；乘客下车后，人潮分散比例如何，设店地点是否位于人潮流向的位置；店面招牌是否醒目，让人一眼可以看到；是否具备让人毫无障碍穿越马路进店消费的交通条件；店面门前三包区环境如何等。

具体地讲，以下情况都需要认真对待。

①店址的停车设施。确定一个规模比较合适的停车场地，可根据以下各种因素来研究确定：美容院的规模、商圈大小、目标顾客的层次、其他停车设施和不同时间的停车量。

②店址附近的交通状况。考虑顾客能否快捷、方便到来。店址周围公车、地铁等交通状况。

③交通的细节问题。主要商业街道与设在边沿区商业中心的美容院的距离和方向如何，通常是距离越近，客流量越多。开设地点要关注客流来去方向，如选在邻近市内公车站的位置，则以上车的客流为主；选在面向车站的位置，则以下车的客流为主。

美容院同时还要分析市场交通管理状况，比如禁止车辆通行街道、单行线街道以及人行横道距离店址远近等情况都会造成客流量的不足。

客流是否集中

有“客流”才可能有“钱流”。美容院赚钱与否，客流量大小是一个关键因素。客流包括现有客流和潜在客流两种，通常店址总是力求选在潜在客流最多、最集中的地点，以便于多数人就近就地消费。

考察客流状况，不仅能使美容院对今后的客源情况了然于胸，而且还能为决定今后的营销重点提供科学依据。客流状况考察内容主要有：

①附近的单位和居家分布情况。包括有多少机关单位、公司、学校、住宅楼群等，甚至其他店家的情况也要有所了解(实践证明，这些店家极有可能会成为美容院的常客)。

②过往人群的结构特性，仔细揣摩包括他们的性别、年龄、职业等的结构特性和消费习惯。

③客流的淡旺季状况。比如在学校附近的店面，就要考虑寒暑假问题；机关和公司集中地段的店面就必须掌握他们的作息时间；高档社区附近的店面应摸清居民消遣出门的一般规律……这些都是美容院设定营业时间的重要依据。

竞争是否激烈

忽视竞争对手的存在，就不是一个合格的老板。美容院也是如此。同业竞争，主要是美容、美发产品、技术、项目价格以及服务水平的竞争。考察同一地段同类美容院的经营业绩状况，可以初步测算出自己在此开店可能产生的利润大小；而考察他们的美容、美发项目价格水平，是为了据此确定自己对价格的价位确定。其他的一些情况也要引起关注。

了解竞争因素包括哪些方面，才能做到胸有成竹：竞争对手的强项是什么？竞争对手设店的地点在商圈的什么位置？主要促销手段是什么？其店面装潢及招牌如何？比较彼此竞争，哪一方面更占优势？以及服务流程、价格、产品等情况也要有一定的了解。

一般情况下，美容院周围的竞争情况会对经营的成败产生巨大影响，因此对美容院开设地点的选择，分析竞争形势是十分必要的。一般来说，如果在开设地点附近竞争对手众多，且自己的店铺又无特色，就只有等着“捡剩饭吃了”，结局也是不言而喻的。

考虑到大多数顾客具有喜欢比较、乐于聚堆的心理特点，作为美容院的地点，还是要尽量选择在美容院相对集中且有发展前景的地方。要想到，美容院之所以能够集中，一定是市场因素决定的。当店址周围的美容院类型协调并存，形成相关美容院群落时，顾客选择的空间大，来的人就会越来越多，往往会对经营产生积极影响。如经营相互补充类服务的美容院相邻而设，在方便顾客的基础上，都会扩大各自的销售，对大家都有好处。

美容院小老板赚钱秘笈

“酒香不怕巷子深”的古老经商哲学已经开始受到越来越多人士的质疑，现代美容院的设计重视店铺所在地理位置的研究，包括对附近商业环境，交通状况，顾客消费圈，竞争店的情况等综合因素的考虑和分析。

商铺选址的经典技巧

在商铺投资危险增添的同时，商铺投资的抉择性、机遇以及低成天性也在进步，因此控制商业运营法则，明了商业择址的胜利经历，是保障商铺投资决策准确的前提条件。

选低不选高

顾客在店铺行家走购物为省时、省力，往往不愿向楼上走，因此店铺低层往往比其它楼层发明更高的营利。为此，在择铺时，抉择一、二层比抉择三、四层店铺要更具备运营上的平安性。换言之，一个商业楼的层高与其经济效益成正比关系，即楼层越高，销售越低，从而利润就会越少。这是由顾客的购物习性与消劳神理抉择的。

社区内的商铺更具投资价值

社区是寓居人群终年生涯的空间，因此抵近消耗地的社区商业可以供给充足的方便性，使商铺投资的平安性和营利性大为晋升。以后的问题是，新兴社区入住率偏低，使消耗范围难以支持商铺运营；社区商业范围往往大于社区须要。然而，从久远看，社区商业的前景向好。因此，控制有利机遇进入可以保障商铺投资坐收临时稳固报答。

理解城市及区域计划

计划是对将来开展的前景描绘，从而转变将来城市在空间上的格式，使某些市场由此繁华或由此变得冷寂。这种大背景、大环境的考量，是投资者在部分市场抉择的先决性条件，否则一铺岂但赡养不了三代，反而成为三代人的累赘。

店铺与商圈请求相吻合

肯定的市场空间对业种、业态的组合有客观请求，只要适应能力使运营顺畅。个别而言，现有商圈内对批发、餐饮、娱乐、修理等业种要完全。对业态的须要则视消耗人群的多元化差别而定。因此，投资商铺之前，投资者需理解这些详细状况，进而肯定本身店铺将来要做的行业以及不同的业态，能力使运营具备针对性。

店铺离公交站点越近越好

国外称之为“TOD”导向，即商铺运营受制于公交线路。由于，公交站点会聚人流，周边的店铺天然会遭到喜爱。商铺投资者在投资之前，要首先理解城市，特殊是该区域的将来计划信息，而公交计划是其择址的基础根据。

“金角，银边，草肚皮”

在一条商街上要抉择“角”与“边”上的铺位。“金角，银边，草肚皮”是商业内盛行的择址、选铺的要诀。一条商街制作的效益并不是均等的，街角上的铺位是择铺首选。由于街角会聚四方人流，人们要立足的时光长，因此街角商铺因人流多必带来财气旺。“边”是指一条街两端的铺位处于人流进入的端口，也是刚进入商街的客流有兴致、有时光高密集度停留的中央，商铺生意由此兴隆。“草肚皮”则指街的两头部分，因客流疏散、购物兴致降落、行走膂力不支而使店铺运营艰难重重。

总之，财产的连续增添，往往是一个准确而贤明决策的衍生物，而不动产特殊是商铺投资更具备资本化特性，不只可以带来耐久和丰富的现金流，更可以带来远胜于其它地产名目标疾速增值和大幅溢价的美妙前景。正由于如此，它吸引了越来越多的眼球和越来越多的行为，以至商铺投资失败的案例俯仰皆是。如何在这种躁动中深入理解商业运营法则，进而沉着剖析，武断行为，是确保准确的投资决策所必需的逻辑保障。

竞争对手分析原则

如果你已看好一个地段，切不要匆忙做出决定。你还应更多地了解一下本区域内竞争对手及其经营情况。如了解一下本地区内已经有多少家美容美发店，本地区内美容美发市场是否已经达到饱和，还有没有市场空间，是否拥有与其他店竞争的优势等。

通常而言，在同一个区域内往往存在很多竞争者，很少有被垄断的美容美发市场。筹划开店时，必须先了解一下地区内竞争者的情况。

每个地区的竞争者都有优势与弱势。如果在其优势上你不具备竞争力，但你可以避开其优势，并把他的弱势转化为你的优势。这样，你的竞争力就可大大增强，那么这个区域也可以在你的考虑之内。

如果一个地区内，同类店面很多，竞争激烈，而且竞争者水平较高，你的条件与别人相比没有优势，那么，这个地区对你来说就不是好地区；如果竞争激烈，竞争者水平也较高，但你的竞争能力与别人比有优势，则这个地区对你来说是非曲直中等地区；如果地区消费需求量大、购买力强而竞争一般，则是上上之选。

不怕高租金原则

店面生意是依靠地点的生意。如果你在市区或地繁华地带选址，不要被较高的房租吓倒，而是要认真分析投入这笔资金能给你带来多大效益。

很多时候，只要你经营路子对头，往往是高投入高回报。这就是为什么商业旺铺价格昂贵却生意火暴的重要原因。

不少人都明白好地段重要性，但常常被寸土寸金的高租金吓跑。一些人宁愿往店里多投资，也不愿意支付高租金。其实好地段上的高租金并不是一天两天形成的，也不是可以任意抬高的，它是房东和租赁者在长期利润分成较量中形成的契约。租金如果高到租赁者无钱可赚，那么再好的门面也租不出去。可见，好地段虽然寸土寸金，但正常情况下你赚的钱总会大大超过租金而有厚利可图。因此，花大钱开个大店铺，不如花大钱找个好店面。当然，高租金增加了你的经营成本，也增加了经营压力和风险。你得好好算一下，你的投资、经营项目以及你的经营经验，究竟做不做黄金地段上的生意。如果没有金刚钻，就不要揽那瓷器活。

选择好邻居原则

很难想象在左邻右舍都是卖水果的店铺包围中，开一家钢材店会有怎样的生意。因此，美容美发店开设在地点，最好是能迎合周边店铺的“性格”。如开设在时装店隔壁，或开设在有一定档次的影楼隔壁，效果都会不错。记住，美容美发店不是一般的“剃头铺”，它是为满足人们高雅的生活需要而设。因此，选择一些“芳邻”为好。

美容院小老板赚钱秘笈

由于这样或那样的原因，人们总不能选到适合自己的“黄金地段”。如何才能选到令人满意的“黄金地段”呢？这是令每一个开店者头疼的问题，其实只要选址坚持一定的原则，这个问题一般会迎刃而解。

开美容院的黄金地带

现在的美容院是越来越多，想要开一家有特色的美容院是很不容易的。开业的选址就是最重要的一个环节，美容院选址马虎不得，美容院老板在选择商铺地址时，一定要考虑周围的环境，进行详细的考察。

川流不息的人潮就是潜在的客源，在车水马龙、人流熙攘的热闹地段开店，成功的机会往往比普通地段高出许多，只要你所销售的商品或者提供的服务能够满足顾客的需求，就一定会有良好的业绩。俗话说的“客流”就是“钱流”也证明了这一点。

另外，人口密集、小区集中、有特色的街道和广场边缘都是值得注意的区域。

如何找一个“最合适”的开店地点，有赖于精细周密的商圈调查。绝大多数美容院都将店址选择在交通要道和交通枢纽、商业中心、居民住宅区附近，从而形成了以下几种类型的商业区域：

中央商业区

顾名思义，中央商业区就是最集中、最主要、最繁华的商业区。主要大街贯穿其间，云集着许多著名的百货大楼和各种大饭店、影剧院和写字楼等现代设施，有规模、上档次的美容院一般也落户其中。

这样的位置主要是要考虑能够满足许多特殊顾客的需要。比如新娘美容化妆等，多为顾客一次性消费，消费频度低，但价格偏高。这种美容院的商圈范围要求更大，不要显得太“小家子气”。应设在客流更为集中的中心商业或专业的商业街道，以吸引尽可能多的潜在顾客。大气、高雅和不菲的价格都是吸引顾客的独到之处。

如果店铺处于商业中心街道。在东西走向街道的最好坐北朝南；南北走向街道的最好坐西朝东，尽可能使店铺处于十字路口的西北拐角。另外，三岔路口也是开设店铺的好地方；在坡路上开店不可取；路面与店铺地面高低不能太悬殊。

交通要道和交通枢纽的商业街

交通要道和交通枢纽属于仅次于中央商业区的地方。这些地点是人流必经之处，在上下班时间、节假日更是人流如潮，店址选择在此处设立大大方便了来往人流。

这样的区域比较适合以美体养颜、设计造型见长的美容院，例如，中药香薰、简单的皮肤护理等。因此，经营这类服务的美容院通常设在商业较为发达的地区。

理想状态下的商铺或商业街市应具备接纳各种来客的交通设施，即商铺周边拥有公交车站点，还具有停车场。在主要车站的附近，或者在顾客步行不超过 20 分钟的路程内的街道设店。路易·香浓告诉您观察马路两边行人流量，选择行人较多的一边更有利于经营。

居民区商业街和边沿区商业中心

居民区商业街的顾客，主要是以附近居民为主。在这些地点设置美容院是为方便附近居民就近消费。这类店一般价格较低，消费频繁，顾客消费时以求方便为主，对产品和服务的要求不是非常的高。所以，中、低档美容院应最大限度地接近顾客的居住地区，比如就设在胡同口、小区内。而那些边沿区商业中心往往是人们不宜久留的地方，比如铁路、公路、车站附近等。理理发尚可，就不适合开美容业务了。

以人口密度高的住宅区作为美容院的选址，一般是很不错的，因为一般顾客都有利用附近设施，就近消费的心理习惯。但如果此地人口剧增，则相对的竞争也就会更激烈一些。另外，美容院是给顾客提供舒适服务的场所，适度的情调和安静的环境是必不可少的要件，不要选在闹市区最繁华最喧闹的地方。

店面选择的位置一般不要过高，一楼最好。如果此地商圈交通方便，人群聚集，招牌又很明显，位置高一点儿的楼层也可以。

同类美容院聚集的街区

“物以类聚，人以群分”，这句话同样适合从事美容、美发业务的人。

顾客的说法最具有说服力：某机关的李小姐是美发消费的大户，经常做头发或带朋友做头发。她说一般都赶到市中心一个经常光顾的美容院去，因为那里热闹，商场又多，可以在做完头发后和朋友一起休闲或购物。在某大学任教的王女士每次要做头发，也总喜欢到美容院密集的地方去，她认为那里的店多，除了可以有更多选择之外，也可以互相比较，何况那里的店都比较专业，知名度很高，去那儿消费也有舒心大气的感觉。

大量事实证明，对于那些有各自经营特色、规模档次不同的美容院来说，想更多地招徕顾客，集中在某一个地段或街区是最佳的选择。从顾客的角度来看，在美容院集中的地方可根据不同需要选择不同的消费地点。因此，担心同业竞争实在没有必要。一旦同业店越开越多，就会产生聚集效应，容易扩大影响，凝聚人气，形成“美容、美发专业街”，生意反而比单枪匹马时更加火暴。所以，美容院不要害怕竞争，同业愈多，人气愈旺，业绩就愈好。当然，竞争也是很激烈的，这就要看自己的本事了。

注意选因店而宜的街区

潜在顾客群直接影响着美容院营业地点的选择，各种类型美容院均有不同的特性和消费对象，都集中在黄金地段效果不一定都好，有的美容院开在相对偏僻一些的特定区域往往比开在闹市区生意还好做一些。

例如，规模不是很大，但美发技术相对要好的小型精品店，完全靠装修吸引顾客显然不行，但因为房租相对要低，开支也比闹市要少很多，可以靠口碑慢慢“培养”老顾客，吸引新顾客，开在居民区内生意肯定要比开在闹市区好得多。

对于一个化妆品专营店来说，选址的好坏直接影响效益。所以，老板们都非常重视店面的选址，但在选址的过程中，有很多技巧。我们为您整理了美容院选址三大技巧谈，供美容院选址人员参考。

1. 不选美容院过度密集的地方。

美容院过度集中往往会造成市场饱和。如位于同一商圈的多家同类专卖店看起来生意都很好，实际上已达到竞争平衡的临界点。新增加一家店，市场就超饱和了，造成僧多粥少的局面，原先挣钱的都开始亏损，大家只有打价格战。

2. 选在整体商业网点布局圈之内。

每个地区都有自己的整体商业网点布局。哪里发展服务业，哪里发展IT零售业，哪里美容业……每个城市都会有长期性的整体规划。所以，美容院在选址的时候应该选在商业网点布局圈之内，这样才能生意兴隆！

3. 所选地址周围应该干净、环境好。

美容院是顾客享受的地方，周围应该有一个好的环境。周围有垃圾场、气味很大的工厂或公司附近的美容院不能租，因为这样的环境，生意不可能好。

美容院小老板赚钱秘笈

把握“客流”就是“钱流”原则在车水马龙、人流熙攘的热闹地段开店选址，成功的几率往往比普通地段高出许多，因为川流不息的人潮就是潜在的客源，只要你所销售的商品或者提供的服务能够满足消费者的需求，就一定会有良好的业绩。

美容院选址"金手指"

对于准备选择商业铺面开美容院的投资者来讲，首先考虑的就是选择能够发达的旺铺。其实，美容商铺旺位选择除去一些商业或交通以及投资者的资金承受能力等因素以外，位置的选择也是相当重要，下面我们将为创业者提供美容院选址的绝招，希望能有助于开始投身"美丽事业"的各位稳稳当当的掘取"第一桶金"。

选右避左聚人气

在中国传统的商居选择文化中，"右主聚，左主散"一直是人们尊崇的商铺选择定律。究其原因，其实很简单。

第一、中国是一个以右利者为主的国家，人们在生活中大多习惯以身体右侧为主要做事方，即经常以右手、右脚来做事，因而在购物、观望时均有向右侧看、向右侧偏的习惯和趋势。

第二、在中国，人们的行走和汽车的行驶，一般都被要求必须遵照"靠右侧行驶"的规则。因此，一般选择在"主马路和人行干道"主要流向右侧的商铺和店铺很容易引起消费者的注意和重视，而位于左侧的店铺则由于相隔较远，又要过马路，并且要承担一定的交通风险的缘故而光顾者较少。

如果，选择在人流主方向右侧的商铺能够经常张贴出一些针对性和刺激性的促销广告和产品项目宣传招帖，就很容易吸引大量消费者驻足观望，或进入其中探个究竟，从而人气旺盛，财源广进。因此，在选择美容商铺时，投资者应注意以下两点：

1. 仔细观察所选商铺门前的马路或人行道的人流或车流主要流向，并确定自己所选店铺是否在人流或车流主要流向的右侧。

2. 看位于人流或车流主要流向右侧的其它店铺的生意是否比位于左侧的店铺的生意更好。

提醒：这样的观察，不能一次完成，而要在一段时间内反复进行考察。

相迎不相顺

“相迎不相顺”是中国传统商居选择文化的又一条重要规律，它主要描述的是商铺所在位置及其大门的朝向问题。

现代商业中，人们将马路、街道、走廊、楼梯、电梯和人流视为可以流动的水。而在中国传统商居选择文化中“水”是聚气、聚财的象征，有“引财入室”的作用。商业店铺的位置恰好能够迎接流动的水的到来，自然就可以不断的迎接顾客的到来（开门迎客），从而达到“生意兴隆、聚气生财”的目的，而如果商铺的门与流动的水的方向一致则店铺不容易被消费者看到和发现，自然也就不能接收流动过来的生财之气，因而也就生意衰退了。

然而，怎样才能使商业店铺的门恰好能够迎接流动的水的到来呢？

首先我们应当知道如何来判断这些商业“水”的流向。在中国传统商居选择文化中判断“水”的流向的标准如下：

1. 马路或人行道上的人流或车流的主要流向为“水”的流动方向。

2. 右街道或右左走廊，以长者为水来的方向，以短者为水去的方向。

3. 电梯是水流出的方向，而电梯的两侧为水散去的方向。

其次，我们要讨论的是如何让我们的店铺的门开的较为合理，其办法是：

1. 开迎水方，使自己商铺的开门方向朝向水来的方向。

2. 遵循左来右开门和右来左开门的规则，即左边的街道或走廊长，则店铺开右门，右边的街道或走廊长，则开左门。

3. 电梯在左侧，则店铺开右门，电梯在右侧，则店铺开左门，但不能直对电梯。

直对街路有忌讳

企业在经营过程中最忌讳的是不断有各种各样的是非发生，这样不仅影响企业的正常运营，而且还会使企业的声誉受到严重的损害，因此企业在选择租用和购买办公地点时一定要注意，尽量避免选择那些会使企业遭到各种是非困扰的办公场所。在这其中，尤其需要投资者注意的是，不要使企业的大门或是办公室直对穿行而来的马路、街道、走廊、电梯或小巷。“喜回旋，忌直冲”是中国传统商居选择文化中规避是非，降低商业风险的主要办法之一。其原因可以理解为：

1. 由于企业深居小巷、走廊或街道的尽头，会让客人寻找起来比较困难，从而减少了客户前来拜访的机会，降低了生意成交的可能性。

2. 由于小巷深处、走廊尽头往往光线昏暗，空气流动差，加之寻找困难，会增加客户的怀疑、恐惧和戒备心理，给人一种犯罪的心理感觉，因而不利于生意的成功。

3. 企业大门或办公室直对穿行而来的马路、街道、走廊、电梯和小巷会使原本聚集起来的财气被一吹而散，并受到来自外界的攻击、指责和事故的搔扰。

如今，随着商住两用小区的不断普及和发展，不少公司和企业在小区购买房产使之成为自己的店铺或办公地点（固定资产）。然而，在将这些房屋作为企业的办公地点时需特别的注意以下的三个不宜：一、不宜面对“T”字路口；二、不宜选择走廊的尽头；三、不宜面对电梯或楼梯。

无风死气沉沉、缓风人财两旺、急风聚散成空

在中国传统商居选择文化之中，人们普遍都很重视“风”对店铺生意的影响。其原因是因为“不同的风”能够在企业商居内部营造出不同的商业环境，并进而影响到企业生意的好坏。

生活中，人们很容易观察到这样一种现象，就是任何成功的商业店铺其室内往往有很好的通风环境，而生意惨淡的企业则要么环境压抑，气味异常；要么凌乱不堪、嘈杂难耐。是什么原因造成这种现象的出现呢？是“风”。

在自然界中，空气的流动形成了风，风的流动在室内造成了不同的环境。和煦的风可以吹散不良气体，给我们送来新鲜的空气。温暖的风可以保持室内的干燥，减少病菌及微生物的繁殖，带来卫生、舒适的环境。而和缓的微风还能安抚人们激动的神经，使人保持愉快的工作心情，进行工作。

那么，当商铺中没有风，或风很大时又会给我们的企业带来什么呢？

首先让我们来看一看商铺中没有风的情况。商铺中没有风，其室内的空气难以流通，空气无法正常的进行交换，因而不良气体和不良气味在室内充盈，从而对企业造成三个方面的严重影响：

1. 给予进入店铺的客户不良的感官印象，容易引发不良情绪，从而拒绝消费或减少消费，同时容易产生冲突。

2. 空气不流畅，给细菌和微生物的滋生提供了良好的条件和场所，不仅视觉难看，而且容易传染疾病，给人以办公场所和店铺不卫生的感觉。这样不仅容易造成工作减员，同时也会给顾客造成不良影响。

3. 室内无风会给人以窒息和死气沉沉，生意衰败的压抑感觉，促使人们产生焦虑、疑虑和不愿在这样的地点做过多的停留的念头与行动，更不要说进行生意合作和购买产品了。

与之相反，让我们再细心地探讨一下办公场所内风力过急、过大的情况：

1. 室内风力过急、过大会使房间内的装饰和纸张舞动，并发出声响，从而使办公场所显得零乱，嘈杂，给人以企业没有章法和混乱的印象，从而使客户产生不信任感。

2. 有力的风从室内通过会造成各处声响（门窗等），加之人们在室内的走动，很容易分散客户的注意力（使人想到家里没有关闭的窗户，而心神不宁，不能久坐），从而经常会阻断双方的交谈，使销售进程无法得到保障，这样不仅降低了工作效率，延长了成交时间，有时甚至会造成生意的流失。

3. 风容易吹散在商铺中已聚集起来的人气和财气，使经营者一无所得。

由此可见，对于准备选择商业铺面的投资者来讲，具备以上两种情况的商铺自然不能将其当作能够使企业发达的旺铺来选择。

美容院小老板赚钱秘笈

美容院是塑造面子的事业，而选址的工作可以看成开设美容院的第一道工程，没有一个合适的经营的场所，美容院很难成为创业者心中的旺铺。

美容院选址有哪些忌讳

有些地方是不适宜开店的，需要回避，不然，结果是很糟糕的。

高速车道边

这一点相信大家都能够理解，这也是一个常识问题。随着城市规划和建设的快速发展，高速公路越来越多。由于快速通车的特殊要求，高速公路一般有隔离设施，两边无法穿越。公路旁也较少有停车设施。想想看，会有人到这里美容、美发吗！

周围居民少或增长慢的地方

固定的消费总量在一定时间内是呈饱和状态或接近于饱和状态的，缺乏流动人口的进入，很难有新的顾客到来。美容院要想赚钱，一定注意不要在周围居民少或增长慢的地方开店经营。

幻想着奇迹出现无异于痴人说梦。因为美容院比比皆是。不会有很多人不嫌麻烦来消费。没有新的客源，老顾客又少得可怜，实在是得不偿失。

高层住宅楼房上

由于房价的不断攀升，商业网点租金成本也随之提升，使得很多人都打起了住宅楼的主意，把美容院设在了高高的楼上。其结果常常是一相情愿，收不到预期的效益。

因为高层开店，对顾客消费会产生诸多的不便，广告效果也较差，不会引起人们的广泛注意。

如果不是自己的房屋，就不要这样做了。即便是自己的房屋，也要考虑到底值不值得。

与周边店环境格格不入

周边环境卫生状况对美容院的影响也是不容忽视的，有一个清洁美观的周边环境也很重要。如果与饮食店、杂货店、机械修理店等杂七杂八的店铺为邻，生意是不会好的。

有一个美容院的老板把店铺开在一条嘈杂喧闹的地段，周围全都是卖熟食的，环境脏乱差，就有固定的几个人到店里理理发而已。不到半年就搬家了。

这个例子说明，与周边店环境格格不入，想赚钱真的难乎其难。

最好最贵的地点

目前房价、地价的上扬程度经常让人望而却步，再加上地方难找、竞争激烈，房租成本成为美容院老板最头痛的问题。对黄金地段，很多人趋之若鹜，殊不知，庞大的人事、营销、租金等费用，便会接踵而来，压得人喘不过气，算算毛利确实不少，抛去所有开销，不赔钱就是万幸了。选择非黄金地段的美容院，则成本少了很多，也就不会出现这样的问题了。

也有一些美容院辛辛苦苦干了一年，算总账吓了一跳：白白给房东打了一年的工。这确实是非常不值得了。所以，建议美容院开店前要选择“最合适”的开店地点，即使是赢小利亦无妨，“最好最贵”的地点，还是远离一些的好。

高架桥下的门面要慎租

高架桥由于其特殊的构造，实在应该“敬而远之”。下面的马路往往被隔离栏挡开，较难穿越，况且，高架桥下方噪声大、灰尘多、人气少，只见车流穿梭不见行人走过。林林总总，高架桥的地缘地貌决定了不会有人到此消费。另外，宽马路边的门面同样也有这个问题，顾客会因马路太宽，不高兴或不方便穿越而放弃前来消费。这些都要引起美容院老板的注意。

所以说，这样的地点很不适合美容院经营。

美容院小老板赚钱秘笈

知道了选择店铺需要回避的地方，也就知道应该去哪里开美容院最为合适。店址选得好，会帮助店主集敛财富；店址选得不好，“煮熟的鸭子也许还会飞走”。

开美容院要做商圈调查

商圈指以营业店所在地点为中心沿着一定的方向和距离扩展开的区域，在这一区域内顾客会优先选择到该店进行消费。换言之就是营业店主要顾客所在的地理范围。为便于分析通常设定半径为500米左右的圆形区域。

根据顾客量的多少，可以把商圈分为中央商圈次级商圈、周边商圈。如前文所述，为了叙述方便，我们把商圈看作是以营业店为中心向四周扩展的同心圆。

中央商圈。这一商圈离营业店最近，生活和居住在这一区域的顾客占去了营业店顾客总数的55%～70%。在这一商圈中顾客在居民中所占比重最高每个顾客的平均消费也最高，这里很少同其他商圈重合。

次级商圈。位于中央商国外围，拥有营业店15%～25%的顾客。这一区域的顾客较为分散，多为在附近工作的人群，他们一般利用上下班时间顺便光顾你的美容店。

特别是在些高级商业区内工作的人，收八较高，负担较少，思想也较为开放，营业店可以根据这部分人群的特点和需求，来决定自己的经营方向和策略。

周边商圈。这一商圈的顾客主要是流动人群即在交通要道、商业繁华地区以及公共活动场所过往的人群。

一个地区的流动人群越多，在这一地区经营的营业店可以获得的潜在顾客就越多，同时经营者云集，竞争也越激烈。

这就要求经营者更要讲究竞争策略和经营特色，因为让这些顾客满意，有利于培养出“回头客”，树立营业店的形象从而招徕更多的顾客。

商圈评估，就是经营者对商圈的构成情况、特点范围，以及影响商圈规模变化的因素进行实地调查和分析，为选择店址、制定和调整经营方针、经营策略提供依据。

商圈评估的主要内容

1. 该商圈人口数，职业、年龄层调查

人口数的调查是相当重要的，它可大略估计该商圈是否具有该店立足的基本客数，例如人口数为 1000 人的 A 商圈，其上班人口及美容消费潜在人口约占 3/5，基本上有 600 名上班及潜在消费人口。

2. 该商圈消费习性，生活习惯调查

消费习性及生活习惯的调查，可得知某一形态的商业行为及其市场量的大小。如该商圈女性上班族有多少，其收入层次如何，企业主有多少，其家眷的消费习性如何，以其来测量该商圈的一个美容消费市场。

3. 流动人潮之调查

该美容院之地理位置，流动人潮的多少，直接影响该店之经营成功与否，不同时段的流动人潮调查乘以入店率，可推出来客数及粗估每日营业额。

4. 地理因素的调查与分析

不同的美容院，由于市场定位的不同，对地理环境要素的要求也不同。中心商业区，交通方便、流动人口多，有大量潜在的消费者，商圈的规模要求较大。此时如果美容院是定位在拥有汽车的消费群，就会更加看重道路的通达性和停车场面积的大小。

因此，投资者在做地理环境的调查时，除了依据有关书面资料和数据外，还要做适当的市场调查，如可以开展问卷调查或其他形式的调查来创造独特的经营特色。

5. 消费者来源的调查

任何美容院都有其特定的消费者范围，在这一范围内，美容服务的对象一般可分为居住人口、工作人口和流动人口三部分。

① 居住人口：是指居住在美容院附近的常住居民，这部分人口具有一定的地域性，是核心商圈内基本消费者的主要来源。

② 工作人口：是指那些并不居住在美容院附近而工作地点在美容院附近的人口。这部分人口是次级商圈中基本消费者的主要来源。一般说来，美容院附近工作人口越多，商圈规模相对越大。潜在消费者数量就越多，对美容院经营就越有利。

③ 流动人口：是指在交通要道、商业繁华地区、公共活动场合活动的人口。这部分人的消费属于临时消费，也是创造营业数额的不小来源。如何创造特色，吸引众多的流动人口前来消费，已经越来越被各经营者重视。

美容院的商圈范围除了周围固定的居民区外，交通网分布的情况也是重要的考量因素，顾客利用各种交通工具可以很容易到达该店的地区也应被纳商圈范围。

6. 该商圈基点设施调查

基点设施之调查如：商圈内政府部位、学校、医院、工厂、写字楼等，及附近有多少家美容院，其档次、收费、项目如何、消费群、经营方向。这些资料的收集对于美容院人潮招徕，来客的增加有着重要的意义。

7. 竞争对手的调查

新建的美容院必须在质与量等各方面对商圈内外的竞争进行详细而全面的调查研究。如对商圈内竞争者销售额进行认真的估算，可以得出潜在市场购买力。

对于竞争激烈的市场，新开的美容院只要比现有推销好一些，而且能够以合理的租金找到适当的位置，就能获得一定的经济效益。

需要注意的是，调查竞争对手时，重点是分析竞争者的品质，而不是数量。

竞争对手情况资料搜集，是美容院取胜的法宝，所谓“知己知彼，百战百胜”。包括：

① 竞争对手设店的地点在商圈的什么位置?

② 同行业竞争情况如何?

③ 竞争对手的强项是什么?

④ 主要的促销手段是什么?

⑤ 其店面装潢及招牌如何?

⑥ 服务流程、价格、产品等情况。

综合前面各项调查，可以制定一个商圈调查表，作各种分析比较，甚至可以做多个商圈的比较，判断出商圈内设店地址是否合适，然后再作出决策。不过，要特别强调的是对商圈的调查评估不应是静态，还需要关心有关商圈内的住宅建设、交通、竞争对手的变化。

8. 商圈未来发展性之调查

如该商圈未来发展如何? 人口增多、政府的规划，学校、政府部门、大型卖场，住宅群的兴建对于该美容院之发展性有非常重要的意义。

两种主要商圈评估法

商圈评估的方法和途径多种多样，这里主要介绍下面两种:

1. 利用行人评估商圈。通常顾客和人流量成正比，但在同一个商圈内，也存在着较大不同差不多每相距100米，或有岔路进来的地点，人流量会急速减少。此外某些自然条件或能吸引人群的设施会让人易于靠一边走。

为了直观地记录商圈内人流量应先画一张有道路网和重要设施的地图，依据时间的不同，从车站的起点到终点追踪预设的流量，并将其走向标示出来。

检查目前的人流趋向是否稳定，是否在道路的某侧有什么吸引客人的设施即将建设，人流量是否因此会有所变化。

2. 探查竞争对手情况。对于竞争对手，应该深八查访其营业面积商品种类、员工人数及待客技巧等，通过比较发现自己的优缺点。

可以通过下面四种方法较为全面地了解竞争店的情况。

探查竞争店实力。通过大家的传闻或亲身查访来了解竞争店的实力，具体包括距离、经营者、资本、营业时间、员工人数、服务方式、营业面积、停车场、服务项目、价格等一系列资料，从其顾客年龄、服装、佩戴的饰品等判断顾客所处的阶层。另外竞争店的声誉、形象、店面布置、地理条件等也要综合考虑。

以顾客身份探查商品信息。以顾客的身份来刺探竞争店商品信息，并且从其产品陈列架了解商品的数量、价格、质量、重要供货商等信息。

预估销售额。每周到竞争店掌握其顾客数、流向及营业高峰时段等，由所掌握的顾客人数计算其销售额。

值得注意的是，对商圈的评估不应该是静态的要随时关心商圈内住宅建设、交通、竞争对手的变化。及时掌握商圈动态变化，才能在快速变化的社会中立于不败之地。

总之创业开店必须掌握一个成熟的商圈策略，因为商圈策略是一种积极开拓市场的动态销售策略成功地运用商圈策略，可以稳固营业店根基，提高营业店形象，创造和推动顾客的特定需求。而与顾客建立一种相互信赖的关系把生意作到顾客心里，让他们心甘情愿地成为回头客，这才是营业店商圈战略的根本所在。

美容院小老板赚钱秘笈

值得注意的是，对商圈的评估不应该是静态的要随时关心商圈内住宅建设、交通、竞争对手的变化。及时掌握商圈动态变化，才能在快速变化的社会中立于不败之地。

第三章 门面就是美容院的『脸面』

美容院门面如人的脸面对人的形象的首要性一样，门面设计应考虑在满足经营需要的情况下刻意求新，显示本店的独特个性，力争让顾客对你的美容院产生好印象。总的来说，门面设计既要有视觉上和精神上的美感，又要符合人的现实需求。现代店面设计主要包含下列内容：立体造型、入口、照明、橱窗、招牌与文字、材质、装饰与绿化。门面设计的目标是吸引顾客留意，方便引导顾客出入，展示空间容量并安全可靠，从而提升营业店的形象。

用店面招揽客人

店面不整的店铺，一跨进门槛总有那么一点儿不舒服的感觉。就像一个人，身体各部分都不错，可凑到一起，就很不协调。

美容、美发是一件创造外表美的工作。如果创造者本身都不能把自己装扮美丽，怎么能给顾客信心，你的产品或技术又怎么让人信服呢？就好像街头卖跌打损伤药的，自己的脸上都青一块紫一块的，谁还买你的东西呀！

店面是美容院最直观的表现，是第一个引起人们注意的地方。店面的展示，则如同人际交往中的微笑或是握手一样，向人们展现着自己的热情。

产品陈列、外观形象、灯光效果、柜盒摆放等，这些都需要花费一番心思，设计出既要符合美容院的特征，又要有独具匠心的发明创造，这样的设计和制作才能够吸引顾客眼球。

沿街店面的展示是一种极有潜在价值的营销手段。在繁华的街道两侧、在闹市区人们穿梭的地方，有创意的大型的店面展示可以吸引众多人的目光。在华灯初上的夜晚，人们漫步在商业街上，美容院姹紫嫣红、丰富多彩的展示一定让人赏心悦目、流连忘返，也一定会给潜在的消费群体留下深刻的印象。

怎样设计户外展示，使美容院的店面更加引起人们的注意呢？

门面设计需要动一番脑筋。应该考虑在满足经营需要的基础上刻意求新，显示出美容院的独特个性，力争让顾客在极短时间内产生过目不忘的好印象。总的来说，门面设计能充分把握住都市人的审美观念，让人们在视觉上和精神上获得美感，这样的门面设计就趋于完美了。

现代店面设计主要包括以下内容：立体造型、照明、人口、招牌与文字、橱窗、材质、装饰与绿化等。门面设计的主要目的是吸引顾客注意，展示空间容量并安全可靠，刺激顾客的消费欲望，从而获取应有的利益。以下几项要素需要认真考虑：

考虑环境的因素

户外展示空间的大小是美容院首先要清楚的，然后按照空间的大小、方位、形状，结合周边店铺户外展示的特点，来考虑自己的店面设计。

户外展示空间最好是用得恰到好处，既和周边环境和谐一致，又有自己的经营特色和文化气氛，两者协调统一，从而达到自己的目的。

店标要求要简洁

简洁、字少、大气、色彩鲜艳，使人一目了然，是户外店标的主要特点。店标还要安装牢靠，注意风雨侵蚀以及大的震动，保持清洁干净。

橱窗要有艺术性

橱窗是以商品为主体，通过背景衬托，并配合各种艺术效果、对商品进行介绍和宣传的综合性艺术形式。橱窗就是一个立体的广告，橱窗利用的好坏，直接影响到美容院的财气和人气。

当过往行人驻足橱窗前，能够认认真真地看上几眼，如果再流露出些许赞许的目光，一个主题鲜明、风格独特、色彩谐调的橱窗所起的作用就显示出来了，美容院整体形象随之也就树立起来了。

店面广告有效果

设置在店面周围、人口、内部的广告，我们一般称为店面广告。店面广告范畴很广，名称、招牌、橱窗、装潢设计以及商品陈列都包括在其中。

成功的店面广告设计一般都遵循以下四个原则：

①强调现场效果。由于店面广告具有直销特点，设计者必须研究美容院的特色，深入实地了解营业店内部经营环境，力求设计出最能打动顾客的店面广告。

②重视陈列设计。要注意商品陈列、悬挂以及展示柜的摆放等，特殊品牌气氛要重点强调和渲染。

③简练、醒目。店面广告要想在琳琅满目的广告中引起注意，必须以新颖的格调、协调的色彩、简洁的风格突出自己的形象。

④新潮、古典有机结合。既有怀古情怀，又不失时代风采，这样的设计往往能打动一部分顾客的心。

另外，留心管理展品也是非常重要的一环。可以在关店时将展示物放回店内，或将所有户外的花盆用链子串在一起，以免遭到偷窃或者破坏。切不可使美容院的“面子问题”出现尴尬局面。

美容院小老板赚钱秘笈

美容院千万不要小看这一表面功夫的修饰，只有“表面”功夫做足做好之后，才有可能使顾客有深入了解的念头。顾客舒心、放心的感觉过后，常常是心甘情愿的金钱付出。

店名是美容院的灵魂

美容院的名字与人名一样，虽然只是一个符号，但对于一个店铺来讲可谓至关重要。

古人云：“赐子千金，不如教子一艺；教子一艺，不如赐子好名。”招牌就像一家店铺的脸面一样，一个合适的店名不仅能提高美容院的品位，甚至对店铺的整体经营有很大的帮助。

简洁明了，容易记忆

美容院名称常规要求是：名字笔画少、字数少。因为这样便于顾客记忆，易于和顾客进行信息交流，同时还能引起大众的遐想，有着更加丰富的寓意。简单明快是最好的原则，不要刻意修饰名字，尽量让名字简单明了。

当然，在起名字的时候，美容院肯定会有很多的新奇想法，这确实是件好事，能够激发自己的创造力。但是，要记住绝对不要耍文字游戏，更不能随意堆砌、乱造单词或词组来命名。哗众取宠不行，故弄玄虚也不行，充斥色情就更不行了。

起名字的时候也要“定位”

所谓“定位”，就是找准“市场切入点”。如“美容、美发沙龙”“美容、美体中心”“美容、瘦身公司”等，听起来很直接，但并不一定会引起顾客的注意，生意也不一定好。相反，有些叫“小甜甜美容院”“巷子深美容院”的生意倒很好。

名字要突出吉祥、和谐、温馨的特点，这也符合一般人的思维习惯。

名字应该与美容院的店铺设计风格相融洽

如果将一个美容院命名为“鳄鱼的眼泪”，还会有顾客光临吗？美容院的名字应该和店铺设计风格相融洽。店铺“风格”，一般指的是设施或装潢或其他布局摆设所产生的作用或影响，通过顾客肉眼看得到的东西，感受温馨和愉悦。

可以说，风格与美容院老板个人的喜好、品位有关，一般通过色彩来表达老板的思想。老板的个性不同，所设计的美容院风格也不相同。但无论怎样设计，吉祥、温馨是主调，店铺名字融人其中，交相辉映，相得益彰，这才是真正的“合二为一”。

名称要有亲和力

具有亲和力的名称一般就是好名称。

一个好的美容院用名，一般不要太严肃，更不能给人一种拒人千里之外的感觉，它要有一种亲和力，使人对其有可亲近可信赖的感觉，给人一种平和易接受的印象。

例如，北京的“大宝化妆品公司”。“大宝”一名似乎是取自普通人家孩子之名，给人以亲切随和的感觉，容易为顾客所认同。辽宁盼盼集团的“盼盼”似乎更让人浮想联翩，盼吉祥、盼财富、盼爱情等，使人展开丰富的想像空间。山西“杏花村汾酒酒厂”的“杏花村”一名，取自唐代诗人杜牧的《清明》里的诗句——“借问酒家何处有，牧童遥指杏花村”。此名具有山野情趣，给路上行人一种归乡的亲切感。

个性名字更能够“迷人眼”

在一些大都市的街头小巷，美容院比比皆是，竞争十分激烈。一些颇具个性化的店名，却更能吸引过往行人的目光，如“美不胜收”“剪爱”等个性化店名。有家美发店名为“剪日”“理得好不好让剪刀来说话”，寓意直白；“美不胜收”随便人们如何理解，收获美当然是最惬意的；“剪爱”“飘”，两个店名都会让人想到世界名著，产生丰富的联想。

店名作为一个标志符号，从中体现出的文化品位和经营特色，值得引导和提倡。

业内人士认为，个性店名追求标新立异，美容院个性店名不断涌现，充分体现了老板经商理念，从此得到的收益也是很可观的。这就是个性化的名称的优势所在。

需要注意，店名应为顾客所接受，不要低级媚俗，不能让人看了不知所云。

不要用产品的名称来命名

美容院不要用产品的名称来命名，这是需要特别强调的。因为任何产品都有它的市场周期性，还有其他一些不可知的因素。产品一旦出了问题，美容院的形象就会相应地受到影响。

如果要用美容、美发产品的名称命名，还不如用美容院老板的自己姓名来命名。这样做的好处就是老板会有破釜沉舟的念头，誓与店铺共存亡的决心和斗志更加高昂。

通过名称策划免费宣传，让顾客认识自己，欣赏自己，信任自己，形成长期伙伴合作关系，进而获取更大的效益，是美容院的题内之意。

美容院小老板赚钱秘笈

个性店名追求标新立异，近来个性店名不断涌现，充分体现了经营者经商理念。另外，店名应为消费者所接受，不要低俗，不能让人看了摸不着头脑。

注重内部设计与装修的风格

如何挽留住你的顾客，使他们能够一次又一次地相继而来，除了产品技术等一些要件以外，美容院的内部设计和装修也很重要。

强调第一感觉

装修既不要过分地追求奢华，当然也不要粗陋寒酸地应付。只要体现了实用、有个性、彰显品位的特征，就是一个很不错的装修了。

需要引起注意的是，货品的陈列展示、色彩的和谐搭配、灯光照明效果、背景音乐选择、看货路线等，必须协调统一，不可有生硬造作之感。装修的一切工作都要紧紧围绕一个原则，即增强好感度，促进购买欲。

所谓第一印象，就是顾客进入店内所看到的一切之后锁定在脑海里的初步感觉。包括室内环境、气氛、卫生状况、物品摆放、美容、美发师的形象及素质等。另外，室内光线对客人的视觉刺激也非常重要，光线应以柔和为宜，不要太朦胧也不要太刺眼。前台或咨询厅的光线则应色调明快，宜充足一些，顾客有了第一感觉，留下来的机会就很多了。

店内风格选择

顾客踏入美容院的第一瞬间的感觉非常重要。对于新顾客而言，是否愿意留下来做首次消费，完全取决于对美容院的第一印象。

顾客走进美容院时，最先感受到的是美容院的环境和氛围。如果想吸引更多的顾客，一定要使顾客很在意店铺的风格。目前很流行的主要有日式风格、古典风格、欧式风格、泰式风格和现代风格等。美容院究竟选择什么样的风格才最有可能体现自身特色，还是几种风格有机地结合在一起，是需要认真琢磨的事情，不要疏忽大意。

根据装饰风格表现出美容院的文化、专业气氛，让顾客易于接受、认可该店的经营理念，是店铺的主导思想。与此同时，绘制出经营项目、价格，使顾客一目了然。既有感性认识又有理性思考的风格特征，是吸引顾客的一大法宝。风格的确定还要与其他同行有一定的区别，适当点缀一点儿名人字画、高档工艺品等，突出店铺文化档次，也会达到意想不到的效果。

店内情调定格

就一般思维定式而言，老一点儿的美容院喜爱古典情调的设计，新开张的却喜欢新潮情调。当然也不可千篇一律地如此理解。

根据顾客需求，在确定消费群体的基础上研究情调定格问题，是比较稳妥的。过于奢华会让很多顾客望而却步，过于简约又会让顾客感到档次太低，如何解决好其中的矛盾，当然是视情况而定了。店铺所需展示的形象应该和店内情调有和谐一致的地方，这就需要做到“恰到好处”来处理好情调定格中的一些矛盾问题。

能使顾客心情豁然开朗的要素很多：宽敞明亮的大厅、崭新舒适的房间、柔情妩媚的灯光、清新淡雅的芬芳等都会令顾客品味到一种心灵的愉悦。因此说，室内灯光一般要求明亮但不刺眼，可采用各色节能、太阳灯具，而其数量不宜过多。灯光的感觉应该是，冬天要求明快一些，夏天要求温馨一点，春、秋时节以舒畅清爽为宜。

当顾客的感官完全沉浸在一片祥和与温馨的氛围中时，顾客的感情天平就已经开始倾斜。美容院若能成功做到了这一点，顾客就会从内心慢慢接受心甘情愿掏腰包的事实。

重点区域设计

在店铺里面，有一些重点区域需要认真对待：

①收银台 收银台需和整体设计相吻合，以美、精、小为佳，背后有顾客物品寄存柜，使顾客感到安全，收银台上应设计技术资料、顾客档案插夹。还应考虑到电脑、电视、音箱、灯光的控制设计，便于操作方便。不要忘了吸贴式店员轮牌板安置环节。

②接待区 接待区是店铺和顾客接触最频繁的地方，应力求方便，一般设在左区或进门后的正中央。它所占据的空间应尽量大一些。接待区的设备包括供接待员用的椅子和桌子，以及供顾客坐的舒适椅子，接待区的桌子应该备有预计登记表、电话、收银机及电脑。吊衣架、伞架都应该放在靠近门口的地方。接待区内还要有供应饮品的设备，方便顾客随时取用。在接待区还要有产品、海报等展示的陈列架，其色调要以浅色为主，灯光宜柔和，强光直射则会引起商品变质。

③等候区 等候区布置应以舒适为主，以便顾客体息等待。可放置电视机让顾客打发消磨，备有杂志、报纸供顾客翻阅。如果是较宽敞的店面，可以考虑设置 VIP 室，方便客人在等候时舒服地躺卧。

④操作工作区 操作工作区应保持干净卫生，设备整洁完善，室内安静并具有良好的隐私性，其空间以能容纳一位顾客、一位美容师和所需的设备、材料且不产生拥挤为好，房间多采用长方形结构。操作区的装潢应突出专业性，要营造出稳重、现代和舒缓的气氛，使客人能够完全地放松。此外，区内应有足够的电源以驱动各种仪器设备，保持适当的温度和通风，随时供应冷、热水。

⑤商品陈列展柜 商品陈列展柜应安放在进门右侧处，主体为浅色，高贵最好。陈列的商品应该是最容易推销、外卖的商品，并经常更换商品。避免阳光直射，防止商品失效、变质。陈列放置高档、名牌商品，会提高店面档次。如果外卖推销到位，将使店铺营业额上升 21%（总营业额），这里是一个新的利益增长点，应妥善加以利用。

⑥店员休息区 提供给店员休息及用餐区域，应有存放柜存人店员私人物品。如果空间够大，还可以在这里举行店员会议，放置录放机供店员观赏节目或者进行店员培训。

⑦行政办公区 做接待访客、洽谈公务之用，可配备行政、人事等相

关资料档案柜以及电话、电脑等设备，用海报或其他艺术品作为装饰。

⑧用品保管室 用于建立保管物品登记（进出），以便于管理及核算成本。依据商品大小，设计成不同规格柜进行陈列，做到随时用随时取。不讲究色彩、装潢。

⑨物品的摆放 饮水机书架应安放接近休息椅附近，以便店员及时送递茶水及饮料，书架需设计精美，并安放一些不过时的阅读性杂志，供顾客等候时阅读。

此外，还要设计一个美观的摆架，把毛巾整齐摆放其中。毛巾是直接服务到顾客身上的东西，因此顾客特别在意。选择毛巾一般选用100%全棉为宜，颜色以浅色为主，如浅红、浅黄、浅蓝、浅紫均可。每天清洗后必须用消毒液浸泡5—10分钟。采用清洁剂洗毛巾是最好的办法，其优点是不含碱性，不伤毛巾。

⑩卫生间 卫生间一样会给顾客留下深刻印象，因其利用率较高，一定要和重视招牌一样同等对待，精心设计。以豪华为主，越豪华越会给顾客留下好印象（注意，不能有臭味），在每个卫生间内经常换挂一些写有该店理念、热情服务要求、促销打折优惠政策的宣传单或小册子，甚至一些笑话、幽默故事卡通书籍，供顾客翻看。

美容院的店面利用的合理与否，也是直接影响效益的一个重要组成部分。在这些软件设施上出了问题，同样会对店铺产生严重的消极影响。这里要学要做的东西尽管很散乱，但细细探究起来还是有章可循的。只要美容院在这里多投入智慧、精力和必要的财力，相信由此产生的积极影响会是巨大的。

美容院小老板赚钱秘笈

独树一帜是美容院整体设计要遵循的原则。许多美容院恰恰不是这样，格式单调雷同，装修平淡无奇，毫无创新。无论是豪华的都市构造还是亲切的自然风格都别具一格，这样一定能使顾客感到耳目一新，并深得他们的喜爱。

装修要注重色彩品味

在商品市场激烈竞争的大潮中，产品包装与广告设计的表现可谓千姿百态、丰富多彩。面对纷繁的商品，消费者不再是过去“被动”式地购买，而是理智地加以选择。随着市场上同类商品的日益增加，和同质化现象的出现，塑造企业形象，强化品牌个性便成为包装与广告设计所要传达的重要信息。

消费者透过设计的材料、肌理、造型、色彩、图形文字等表现形式，由此产生相关的视觉判断与心理反映而获取信息。这里包含了消费者的心理需求、审美观和价值观等诸多因素，设计者如果传达不准确，没有在产品包装与广告设计这一有限时空中融入这些因素，没有将品牌鲜明的气质和个性表达出来，就会使消费者感到信息概念混乱，形象模糊。因为消费者是“忙碌的”“健忘的”，他们的视点是“多变的”“迅速的”，你的设计作品很可能在消费者视线的“扫描”中迅速消失，这是由于人的视觉选择性所造成的。

视觉是一种主动性很强的感觉形式，积极的选择是视觉的一种基本特性。视觉与照相不同，它的活动不是一种象照相那样消极的接受活动，而是一种积极的探索。视觉是高度选择性的，它不仅对那些能够吸引它的事物进行选择，而且对看到的任何一种事物进行选择。照相机可忠实地记录下事物的一切细节，而视觉却不是这样。既然我们人类具备这一生理现象，那么我们在视觉传达设计中，怎样将设计要素进行组合、简约，成为一种积极的、最有吸引力的选择对象，是我们将要讨论的问题。

春天我们联想到绿色，夏天我们联想到红色，秋天我们联想到金黄，冬天我们联想到纯白——每种色彩代言着不同季节优美的自然景观，让你的心境在多彩的生活中，或欣喜、或感伤、或憧憬、或回忆……这种心灵体验就是色彩给人们的带来的意境享受。

说到现在的美容院，它不仅仅再是个单纯做美容的公共场所，几张美容床、外加一些美容产品就可以开工盈利了，它糅合进了更多的文化元素，即经营者自身固有的修养所向顾客传导的独特的人文气氛，就是人们通常说的“情调”。客人进美容院，除了改善生理上的瑕疵，通常也是为寻求一种心灵的减压与放松，从美容业发展趋向看，美容院的卖点渐渐开始转移到“情调”二字。

“情调”最直接的表现形式毫无疑问就是色彩，即通过色彩的搭配来营造氛围，影响人们的心境。这样就增强了美容院与客人的融合力度，美容院四周环境符合客人的心境，让人感到向往，那么客人便会念念不忘，经常光顾。

豪华的装修不一定能够淋漓尽致地传达一种文化氛围，打造一个情调美容院首先要确定整个美容院的基调，即情调的主旋律。基调的选择是根据店面所处的环境和光顾的客人层次来决定的，一定要达到和谐统一。其次，根据基调来确定主色调与辅助色。

美容院内部的色调搭配既要美观受看、温馨怡人，还要考虑到颜色对人身体造成的一些负面影响。

有一个美容院在装修时，以深红为底色，玫瑰红在深红的包围中若隐若现。顾客对此感到十分满意，店员们也很喜欢。大约过了半年，店员经常开始休假。一度造成人手不够的紧张局面。老板很纳闷，经了解才知道，她们在这里工作很容易感到疲劳，尤其是头部有刺痛感。请教内行人之后才知道，这都是因为美容院墙壁颜色造成的。原因找到后，老板在窗外及店里摆设了花草盆栽，并在照明方面减少聚光灯的亮度，增加了目光灯和间接照明，从此以后，店员的不适感就减少多了。

这个例子能够发现，颜色是美容院设计中非常首要的部分。合理地运用颜色，能够令营业店产生一种独特的气氛。

不同的光源有不同的颜色投射，例白炽灯倾向于散发红色光线，荧光灯倾向于散发蓝色光线，即使是日光也会改变颜色。不同颜色能够让人产生不同的感觉，通常而言，偏红或黄的颜色给人一种温暖的感觉，偏蓝或绿色给人一种冷漠的感觉，而白色、灰色和黑色给人的感觉较中庸。

在操作区和接待区中使用绿色，能够给人带来舒坦和宁静的感觉：蓝色通常用于较狭窄的区域，如休息室就能够拓宽视觉空间，黄色具有愉快和刺激的感觉，能够使用在咨询室和零售区域。

有一个经营很好的美容院，它有一个很好听的名字：森林之春。

显而易见，这个美容院的基调引进了森林原野的大自然气息，久在钢筋水泥丛林穿梭的客人，都有着重返大自然，回归自我的渴望，这家美容院的顾客群大都属于白领阶层，承担着繁重的工作压力，但对生活品质又有着绝对高的要求，是一些典型的“个人完美主义者”。因此，杂乱无章的环境是留不住他们的。由主基调——森林、大自然，这家美容院的主色调定位在绿色——象征森林的春天枝繁叶茂的蓬勃生机；红褐色——象征林木的质感和本色。辅助色为黑色、不锈钢原色，彰显一种尊贵的品质。

入口处是前台接待处，入眼的首先是绿色的风景画，即树木的枝叶，镶嵌在柜身，既起到很好的装饰作用，又减少了红木的厚重感，紧邻天花板的一块利用了灯光的照射，营造出阳光穿透树叶的朦胧清新感。等候区的长椅款式简洁，也用了配套的绿色，和红褐色的扶手形成很鲜明的对比。店堂中林木的装饰画随处可见，既起到一种隔离的作用，也成为整个美容室不可或缺的点睛之笔，想象一下，客人在微闭上双眼，享受您周到的服务的同时，仿佛置身于燕鸟啁啾的森林中，心情自然得到放松。

这个美容院整体给人感觉色调简单和谐，却不显单调，很大原因是在小细节上做了大文章。比如透明玻璃隔断的运用、灯光的运用等。透明玻璃隔断给人视野上形成开阔的效果，同时给简单的色彩搭配添加透明感；灯光使整个色调附上一层柔光，同时强调了每个区域的层次感。

在美容院装修的“硬件”中，除了色彩表现的情调以外，还应该注意利用一些“软件”，运用无形的东西来烘托气氛。比如音乐，在这样充满大自然情趣的店面，应该选择一些轻柔的乐曲，比如排萧、钢琴曲等，把音量放至若有若无，声光色融于一体；其次是香的氛围，美容院中不应当仅仅充斥化妆品的脂粉味道，作些适当的熏香，清新淡雅地附着在店堂的空气中，同样也是烘托情调的妙招。

美容院小老板赚钱秘笈

颜色是美容院设计中非常首要的部分。合理地运用颜色，能够令营业店产生一种独特的气氛。

合理布局吸引客人

美容院的店铺设计是不可以脱离现代情调的，在一个简单古朴的房间里做美容是没有什么感觉的。但是，我们不可能每个月都装修美容院，所以就应该在空间上下工夫。

方便顾客

对顾客而言，接受美容院的便利服务是很重要的。我们有些美容院在顾客一进门的地方就铺上了地毯，顾客想进门，必须要先脱掉鞋子，让顾客感到很不舒服；如果顾客想到里面走走看看，了解得透彻一些，还必须先经过收银台，给人一种不掏钱就不准进去的感觉。这些都是潜意识伤害顾客的地方，不利于美容院发展。

有条件的美容院在设计店铺布局时要考虑到主通道、副通道和管理通道。主通道不要铺地毯，是美容、美发师引导潜在顾客由人口一直到美容院里面的中心通道。潜在顾客在这条通道上可以随意地走动，随便走随便看；副通道是准顾客和美容师走动的通道，它可以铺上地毯，尽量提高一下档次；管理通道一般就比较窄一些，是美容师与管理人员联系的路线，设计时应靠近副通道，因为它要便于店员之间、顾客之间的沟通和工作的配合。通道是布局中很关键的一个组成部分，切不可太随意了。

在美容院的人口处设置收银台是幼稚的做法。有的美容院将收银台改为迎宾台，也不太适合。因为，站在迎宾台里迎宾是不礼貌的，迎宾一定要走出来，主动地上前和顾客寒暄才妥当。

表现个性

美容院在装潢时，经营者往往把注意力放在如何让店铺变得更宽敞，更能吸引顾客上，而忽视了人类生理方面的知识，这容易产生一些问题。店内装饰的配色还真不是一门普通的学问。使人心情平静的颜色有蓝色、绿色和浅米色等。

当店内要装潢时，墙壁颜色应使用让人心情宽松舒畅的色彩，以低色调为底色，在搭配色彩亮丽的道具和使用富有对比效果的饰品，这将使美容院成为一个受顾客欢迎的场所。

没有个性就没有特点。如果你的美容院同其它的美容院相比，没有独特的魅力，顾客就不会经常光临—尤其是随着季节的变化，美容产品的更新，美容院的主题更应该常换常新，这就需要我们要有一个长期的计划。

一般说来，美容院的墙壁应该以白色为主，因为白色配色广泛，可以和很多色彩搭配。如窗帘、床罩。这样相对于大型装饰成本就降低不少。所以美容院装修不应该在硬件上下工夫，应该在软件上求发展。盲目的追求时尚只能让自己损失金钱。因为顾客绝对不是看到你的装潢才来的，关键是经营者要讲求品味、讲求文化，如果美容院装修从“美容文化”入手，那就一定会表现出自己独特的个性。

合理利用空间

美容院的店铺设计，一定要符合现代人的情调，在一个类似古董的房间里做美容、美发很容易使顾客产生压抑感。

时代在发展，今天新潮的，明天很可能被淘汰，我们又不可能反复装潢店铺，怎么办？要想让自己的美容院与其他同行相比总是不落后，就要合理利用有限的空间。

①在镜子前面设计精巧的装饰台，可以随时随地改变摆设，让细小的点缀增添一些温馨的色彩。

②在天花板上设计一些小灯箱，流光溢彩的最好。因为顾客做面膜的时候，面部总是朝上的，这样可以边做护理边欣赏景致，顾客的身心一定很愉快。

③在美容院屏风和隔断之间设计活动的装饰画框，通过更换图片，给来美容的顾客以奇特之感。可移动性是设计屏风和隔断时应考虑的，如果能再配备灯光、具有现代感的流行线条和个性的化妆品点缀等，就会给顾客一种美的享受。这样的店铺，顾客能不来吗？

体现服务

美容院是服务行业。如果我们模仿饭店、旅店、商场、超市等机构的管理是错位的，也是不切合实际的。一家美容院，一共有三个台，一个是收银台，一个是电脑测试皮肤台和一个咨询台。顾客进门后必须要过三关才可以和美容师接触。美容师都被关在美容师休息室里面，顾客进门后只能与前台交流。如果前台谈妥了，由前台安排测试皮肤。然后交钱，最后由主管安排美容师服务。如果顾客开始不能接受前台的咨询，那你就不能见到美容师。说白了，纯粹是一个“拉郎配”。实际上，这并不是档次的象征，而是人力资源的浪费。

美容院是以服务为主导的行业，美容顾客是美容师的服务对象，美容师应该站在最前台，直接与美容顾客见面。需要咨询的，可以咨询主动接待的美容师；需要测试皮肤的，应该由主动接待的美容师诱导测试；做美容而要付款的，也应该由为其做美容的美容师引导去付款。不能造成美容师接待顾客的权力没有管理人员的权力大，挣钱的没有吃闲饭的人的多。即使是美容院主管的，也应该以激励美容师服务为主，不应该以指挥美容师做事为主。

避免浪费

我们有的美容院在顾客做美容的房间里挂了一台电视，美其名曰是为了方便顾客。事实是这样子的吗？顾客在做美容的时间能看到电视节目吗？肯定看不见，能看到电视节目的只有美容师，请问“美容师边做美容边看电视精力能集中吗？”所以，在美容厅挂一台电视，只会影响顾客的情绪，分散美容师的注意力，而丝毫不会给顾客带来好处。

如果我们将购买电视的金钱全部用来购买美容图书，并在美容院固定的地方设计一个“美容图书林”，让美容顾客以及陪同的客人也能接受美容教育，平时又能让美容师多学习美容知识，这不是两全其美吗？我认为，将美容院办成包罗万象的休闲中心，本身就是定位上的错误，不能说是短期行为，也可以说是畸形发展。美容院老板要想自己的美容事业有发展，必须在“点”上下功夫，不应该在“面”上讲排场。

美容院小老板赚钱秘笈

如果说美容院的选址和命名是美容院吸引顾客的源泉。那么，美容院的布局则是美容院顾客再次光临的根源。从战略上讲，选址和命名是战场，布局就是技术的运用，理想的布局决定着美容院的进退沉浮。

招牌是美容院的标志

对寻找美容院的人及过往路人而言，招牌是不可或缺的首要内容，它是你和顾客取得联系的第一步。招牌是用以识别店面、招徕生意的标记，一块好招牌对美容院经营内容具有高度概括力，在艺术上具有强烈的吸引力，对消费者的视觉刺激和心理影响是很首要的，并能加强记忆促进传播。

招牌也称为店招，主要是用来指示美容院的名称和记号。一个店铺的招牌也许并不能决定和影响一个店的命运，但它可以影响到一个美容院的外观视觉和周边环境的和谐，从而会影响到消费者的决定，也就是生意兴隆与否的问题。

谚语说得好：“笑口纳福，和气致祥。”店铺的外观格局要有讲究，色彩搭配应该清新明朗，使人一目了然、赏心悦目，还要符合店铺的内在需求。招牌色彩温馨协调，让人感到温暖亲切，即使人们不想人店消费，也会对此产生比较深刻的印象。这样的招牌既具有感染力，更具有旺财功能。

招牌的作用

招牌的作用发挥得好不好，也同样影响美容院的效益。

通常情况下，一个优秀的招牌具有以下几种作用：

①反映美容院的经营与服务特色；

②招牌标志着主要的服务项目或供应范围，让顾客一目了然；

③设计人文化，具有亲和力，吸引顾客兴趣；

④采用各种装饰名人图片或题字的招牌，借此增加感染力和号召力；

⑤易于记忆以促传播。

招牌是最现实的广告，它直接反映美容院的经营特点和文化意识。设计招牌，就如同给一个人化妆，马虎不得。

一块好招牌对美容院经营内容具有高度概括力，在艺术上具有强烈的吸引力，对顾客的视觉刺激和心理影响是很重要的，并能加强记忆、促进传播。招牌是用以识别店面、招徕生意的标记，对于消费者以及过往路人而言，是不可或缺的重要内容，是和顾客建立联系的纽带。

招牌的种类

①悬挂式招牌。悬挂式的招牌较为常见，通常悬挂在美发店门口。除了印有美发店的店名外，通常还印有图案标记。

②直立式招牌。直立式招牌是在美发店门口或门前竖立的带有美发店名字的招牌。一般这种招牌比挂在门上或贴在门前的招牌更具吸引力。

③霓虹灯、灯箱招牌。在夜间，霓虹灯与美发店灯箱设计要新颖独特，可采用多种形状及颜色。

④人物、动物造型招牌。这种招牌具有很大的趣味性，使美发店具有生气及人情味。人物及动物的造型要明显地反映出美发店的经营风格，并且要生动有趣，具有亲和力。

⑤外挑式招牌。这种招牌距美发店建筑表面有一定距离，突出醒目，易于识别。

⑥壁式招牌。壁式招牌因为贴在墙上，其可见度不如其他类型的招牌。所以，要设法使其从周围的场面上突出出来。招牌的颜色既要与墙面形成鲜明对照，但又应与之相协调；既要醒目，又要悦目。

设计招牌主要应该注意以下几个方面：

①美容院的名字必不可少。除此以外，还可以写一些小词语，勾勒出店铺的经营特色。

②招牌应该朗朗上口、易读易记，这样才能高效发挥它的识别功能和

传播功能。

③招牌要追求一定的寓意，能让顾客从中得到愉快又丰富的联想。为了引人注目，招牌应该有霓虹灯或是良好的照明设备。

④注意颜色搭配，一般以深色为主体会引人注目，其他的颜色搭配要简洁明快。

招牌安装好之后就要好好维护，随时保持招牌的洁净，若有任何损坏，应马上更换并维，一个破旧不堪的如牌会让顾客觉得你无法提供一流的服务。

一个优秀的招牌设计可以提升美容院形象。虽说制作招牌是一项不小的投资，但是制作精良的招牌可以维持很长的寿命。绝对不要在招牌上省钱，那种以为招牌随随便便写几个字就可以了的想法是不对的。

如同一个人穿衣戴帽一样，招牌安装好了之后也需要好好维护，随时保持招牌的洁净。一旦有任何残损，应该马上更换并维修，一个破旧不堪的招牌会让顾客产生排斥心理，消费欲望就减小了许多。

比如，当一个顾客看到熠熠生辉的招牌时，第一感觉不错也许会“一见钟情”。顾客就很有可能联想到店内明亮洁净的环境、和蔼可亲的职员、认真负责的态度等。反之，招牌的颜色部分褪色、荧光灯不是不亮就是脏污不堪，顾客就会打消进店的念头。

如今，重新制作一块招牌的费用很高，老板不会轻易将其换掉，即使内心希望尽早更换一块为美容院增色的招牌，也因成本太高而难以实现。因此，最好每天把招牌擦拭一遍。尽管招牌的位置高，不便于清除灰尘，但仍要克服困难，养成每天擦拭招牌的好习惯。

美容院小老板赚钱秘笈

美容院招牌的主要作用是传递信息，所以放置的位置十分重要。招牌的位置以突出、明显、易于认读为最佳原则。招牌一般可挂于门口正上方或门口左右两侧的墙面上，也可以单独设置，离开店面一段距离，在路口拐角处指示方向。

橱窗的设计要突出

在现代商业活动中，橱窗既是一种重要的广告形式，也是装饰化妆品专卖店店面的重要手段。一个构思新颖、主题鲜明、风格独特、手法脱俗、装饰美观、色调和谐的商店橱窗，与整个美容院建筑结构和内外环境构成的立体画面，能起美化商店和市容的作用。

商店橱窗设计要遵守四个原则：一是突出商品的特性，同时又能使橱窗布置和商品介绍符合消费者的一般心理行为，即让消费者看后有美感、舒适感，对商品有好感和向往心情；二是以别出心裁的设计吸引顾客，切忌平面化，努力追求动感和文化艺术色彩；三是可通过一些生活化场景使顾客感到亲切自然，进而产生共鸣；四是努力给顾客留下深刻的印象，通过本店所经营的橱窗巧妙的展示，使顾客过目不忘，印入脑海。

通常橱窗是以商品为主体，通过背景衬托，配合各种艺术效果，从而对商品进行介绍和宣传的综合性艺术形式。一个主题鲜明、风格独特、色彩协调的橱窗，能够提升美容院整体的形象。一般橱窗陈列有以下五种类型:

1. 综合式：既是将不相关的商品综合陈列在同一个橱窗内，从而组成一个完整的橱窗广告，这种陈列由于商品之间的差异过大，所以网络推广外包在设计时一定要谨慎，避免杂乱无章。

2. 系统式：按照不同的商品种类组合陈列在同一个橱窗内。

3. 专题式：以一个广告专题为核心，围绕着某一个主题，组织不同类型的商品进行陈列，向顾客传递一个明确的信息。

4. 特写式：运用不同的艺术形式和处理方法，在橱窗内集中陈列新的产品，特色商品加以英语学习工具强化广告宣传效果。

5. 季节式：根据季节的变化，把应季商品集中起来进行陈列，以满足客户的购买需求，这样有利于扩大产品的销售。

橱窗就像是小店的“眼睛”，店面这张脸能否吸引住路人，这只“眼睛”可是有举足轻重的作用。它是以本店所经营销售的商品为主，巧用布景、道具，以背景画面装饰为衬托，配以合适的灯光、色彩和文字说明，是进行商品介绍和商品宣传的综合性广告艺术形式。消费者在进入商店之前，都要有意无意地浏览橱窗，所以，好的橱窗布置既可起到介绍商品、指导消费、促进销售的作用，又可成为商店门前吸引过往行人的艺术佳作。

一般来讲，橱窗设计应注意以下方面：

（1）橱窗横度中心线最好能与顾客的视平线相等。那么，整个橱窗内所陈列的化妆品都在顾客视野中。

（2）在橱窗设计中，必须考虑防尘，防热、防淋、防晒、防风、防盗等，要采取相关的措施。

（3）不能影响店面外观造型，橱窗建筑设计规模应与化妆品专卖店整体规模相适应。

（4）橱窗陈列的化妆品必须是本化妆品专卖店出售的，而且是最畅销的商品。

（5）橱窗陈列季节性商品必须在季节到来之前一个月预先陈列出来向顾客介绍，这样才能起到迎季宣传的作用。

（6）陈列商品时，应先确定主题，无论是多种多类或是同种不同类的商品，均应系统地分种分类依主题陈列，使人一目了然地看到所宣传介绍的商品内容，千万不可乱堆乱摆分散消费者视线。

（7）橱窗布置应尽量少用商品作衬托、装潢或铺底，除根据橱窗面积注意色彩调和、高低疏密均匀外，商品数量不宜过多或过少。要做到使顾客从远处近处、正面侧面都能看到商品全貌。富有经营特色的化妆品应陈列在最引人注目的橱窗里。

（8）日光照晒下容易损坏的化妆品，最好用其模型代替或加以适当的包装。

（9）橱窗应经常打扫，保持清洁，特别是食品橱窗。肮脏的橱窗玻璃，橱窗里面布满灰尘，会给顾客不好的印象，引起对化妆品的怀疑或反感而失去购买的兴趣。

（10）橱窗陈列需勤加更换，尤其是有时间性的宣传以及陈列容易变质的商品尤应特别注意。每个橱窗在更换或布置时，停止对外宣传时间，一般必需在当天内完成。

美容院装修装饰专题式橱窗设计：以一个广告专题为核心，围绕某一个特定的主题，组织不同类型的商品进行陈列，向顾客传递一个明确的信息，例如绿色护肤品陈列等。

美容院装修装饰设计一般要求明亮，可采用各色节能、太阳灯。专业美容院设计装饰装潢数量不宜过多，冬天要求明快，夏天要求温馨，春、秋舒畅。顾客的第六感受，也是顾客的下意识，是所有感受的综合。美容院装饰装潢顾客通过这种意识来判断事物，如果我们把前面所说的基本做到了，顾客就会认定这家美容院的服务、环境、氛围等等适合自己，就能够成为你美容院最忠实的顾客。

美容院装修装饰设计的情调不但涉及到灯光、色彩、配饰、企业文化的应用，还设计到美容师服装、美容师服务、空间内香味的运用等众多人文因素，美容院设计装饰装潢的经营者需多加钻研，为自己的店铺创造更加优秀的个性。

美容院小老板赚钱秘笈

美容顾客绝不是因为你装潢豪华才来的，能做得起美容的商家哪一家装潢都很讲究，都很豪华，关键是我们的美容院老板要讲究品味，讲究文化，如果美容院装潢从“美容文化”入手，那就一定会表现出自己独特的个性。

如何做好美容院环境设计

一个门面装饰得体，内部布局优雅，不仅能从外观上吸引顾客的兴趣，产生信赖感，而美容师亲切的服务态度，也能给顾客留下良好的印象，并有宾至如归的感觉。

如果说美容院的“美容技巧”和“顾客服务”是产生利益的源泉，那么美容院的“店铺”和“设备”就是顾客来美容院的根源。也就是说，店铺的状况是否良好，会对顾客来美容院消费的意愿有很大的影响。

下面有一个很好的案例，它有一个很好听的名字：红美人

显而易见，这个美容院的色彩基调切合了美容院的主题：红粉佳人。这家美容院的顾客群大都属于白领阶层，承担着繁重的工作压力，但对生活品质又有着绝对高的要求，是一些典型的“个人完美主义者”，因此，杂乱无章的环境是留不住他们的。所以，设计者把这家美容院的主色调定位在红色系，希望彰显一种尊贵的品质。

在外观设计上，柔和紫色和兰色对比的墙面吸引了无数消费者的眼球。入口处是前台接待处，入眼的首先是大面积的白色墙面和红色背景墙，营造出简洁、柔和的清新感。等候区的长椅款式简洁，也用了配套的红色，与背景墙的红色形成呼应。

这个美容院整体给人感觉色调简单和谐，却不显单调，很大原因是在小细节上做了大文章。比如淋浴间小方瓷砖的运用、灯光的运用等。小方瓷砖给人雅致的效果；灯光使整个色调附上一层柔光，同时强调了每个区域

的层次感。

1. 从顾客方面而言，美容院必须符合以下几点

（1）具有现代气息；

（2）可满足美容心理需要；

（3）利用方便；

（4）满足顾客对服务的需求；

（5）干净，有信用。

2. 美容院设备的基本要点

（1）美容院的设备必须给予顾客现代感；

（2）必须给予顾客最大的效率；

（3）必须让顾客感觉到独创性。个性和表现性；

（4）必须适合顾客层次；

（5）必须适合附近的地理位置；

（6）必须具有充满效率和活力的美容技术；

（7）活动空间必须充分地灵活运用。

3. 美容院的现代性

由于美容院的活动性质是从事与美容有关的各项事务，所以“店铺的现代感和现代情调”是不可缺少的。另外，还必须重视让顾客满意的技术以及店铺的风格。即使店面较小的美容院也应具有竞争者所没有的亲切感和热忱。

店铺的现代性，大多是根据感觉来评价的。也可以解释为：与其他同行相比，领先二三年的风格。

如果把美容与领导时代潮流作为美容院的活动内容，那么将其店经营成富有滋力、具有现代感也是很重要。当然，房屋的装演和设备，无法时常更新。但如果能在贵宾室的镜子前面，安排适当的摆饰或者偶尔改变一下窗帘的颜色，让顾客能有新鲜感，也能达到很好的效果。

店铺的现代性，是以店铺的外观、内部装演设计、美容机器的配置。柜台的形象。使用材料的保管空间等为主的外观上的判断。而外观装演得再气派，如果不能适合周围环境的顾客层次，以及提供亲切周到的服务，也无法成为顾客所喜欢的店。

店铺的便利性，对顾客而言，是指来店里美容时感到很方便，而且对店里的满意；对员工而言，也能轻松且尽心地工作，不会感到不方便。

店铺的个性，就是说与其他的店相比，能令人感到有独创的勉力，能呈现出美的形象，顾客愿意光临指教。尤其是美容的主题必须因顾客的年龄，个性等不同而各有差别，更应随季节的改变和服饰流行趋势的变化，使美容主题常常更新。因此，惟有掌握流行的动向，才能表现出合乎时尚的个性来。

美容院小老板赚钱秘笈

由于人们生活水平的提高，对生活观念的改变，对服务要求也越来越多，越来越高了。而美容院的环境卫生是给顾客的第一印象，是我们提升服务质量中首要迈出的一步。良好的、整洁的美容院的环境会带给顾客好的心情，会给顾客以温馨和亲切的感觉，这样顾客才乐意来接受服务，来消费，从而慢慢认同我们。

第四章 搞好服务才能『财源滚滚』

顾客对服务质量和期望值需求越来越高，不但要求专业的技术服务，同时希望能以最低的价格获得满意的服务。所以，美容院不但提高自已的服务品质为顾客创造健康安全的消费环境，才能争取更多的顾客，开发更多资源。

什么样的服务打动顾客

顾客进入美容院就是要享受服务的。顾客如果满意店铺的服务，就会有继续接受服务的想法；反之，顾客如果不满意店铺的服务，也会提出一些意见或从此不再来进行消费。

那么，作为美容院应该为顾客提供什么样的服务，才能让顾客满意呢？

一流的服务态度

具有了高水平的服务态度，无论对店铺本身还是对顾客来讲都是很关键、很重要的。对店铺来说，这是形象和品位标志；对顾客来说，则是决定其是否进行消费的重要标准。

店员有彬彬有礼的态度、和蔼可亲的笑容、礼貌周到的关怀，是取悦顾客、贴近顾客的最直接、最有效的方式之一。如果店员穿着得体、仪态端庄，则更会使顾客感觉到温暖和舒心。再加上店里亮丽的装饰、一流的设备，尤其是较完美的产品，顾客感受的印象就会进一步加深，想在此消费的念头也就会愈发的强烈。

具有一流的服务态度，就使得顾客有意识地增加了理性和感性的倾斜，会增强顾客的决心和信心。

服务推陈出新

美容院的硬件设施、美容技术、服务是构成美容院的三大因素。一般来说，前两种因素的变化是不大的，只有服务可以不断地推陈出新，只有服务可以检验店铺老板的经营水平。在美容产品质量同质化的今天，老板们在服务方面又该做哪些文章呢？

一切从服务顾客上着手。服务的概念涵盖范围很广，但作为一个美容院的老板或管理者，只要不断地思考和发现，就能有新的点子，产生好的创意。有谁在美容院里听过现场演奏小提琴吗？在北京就有一家美容院专门请来专业的小提琴演奏者，让顾客在做美容时沉浸在美妙悠扬的音乐名曲声中，体味一种惬意的全身心放松的精神享受。

把服务仅仅局限于微笑、礼貌上，是非常狭义的理解。其实服务的内容是丰富多彩的。让顾客得到物质和精神的双重享受是服务的最高境界。推出新的服务手段并不是一件难事，只要老板真正有智慧进行独立的思考，了解顾客的欲望和需求，新的服务创意是会被发掘出来的。有了适合顾客新的服务内容，顾客没有理由不来这里消费。

让顾客有量身定做的感受

“不仅自己知道要怎么去做，而且要进一步告诉顾客为什么要这样做。要让顾客知道自己这样做的真正原因就是针对这个顾客的。”一位经营效益非常好的美容院的老板这样说道。让顾客知道自己得到的服务是“量身定做”的，顾客的心情一定是很高兴的，他会为店铺为他的付出感到无比的欣慰。让顾客有量身定做的感受，是经营者高明的地方，也是其取得成功的重要之处。

美容院遇到了来店铺理发的顾客，有不少的顾客都会问“剪什么发型漂亮，请帮我设计一个”的情况。大多数店铺仅仅推荐或顾客自己选择一种发型，但是高明的老板则要“告诉顾客为什么做这种发型，这种发型有什么样的好处”。他要向顾客进一步说明“你的脸形在审美上有什么缺陷，要设计什么样的发型来弥补”，这样会更加“让人信服”。

只有顾客有了量身定做的亲身感受，才会感觉出店铺对自己特别关爱和尊重的这一份真情。将心比心，顾客一定会做出有利于店铺的一些举动。

架起信任与信服的桥梁

顾客信任美容院，和店员对顾客展现的亲情和热情分不开，有时就像自己人一样相处得非常融洽，这也就是平时所说的店员敬业精神的一种表现形式。其实大部分美容院也都能做到这一点。

还有很重要的一面不要忽视，就是顾客还需要店员在沟通时表现出高度的专业素质，这才能增加顾客的信服度。有些时候，顾客会因为相互之间太过于亲切，而失去与美容院需要保持的距离，谈价格的时候双方都会很别扭。关于产品和其他方面的一些要求，处理得不是很到位，这样就背离了双方的初衷。

亲者易疏，美容院与顾客的关系一旦如此，店铺的老板就要警醒了：是否店铺的专业形象弱化了，从而失去了令顾客信服的一面，那就要提高我们的专业性。人们很愿意也习惯为专家埋单，顾客也是如此。专业水平和服务质量的同步提高，才会长久地拥有顾客，也才能帮助店铺和顾客建立起一种积极向上的人际关系。

美容院小老板赚钱秘笈

提高服务质量不要挂在嘴上，需要真正地落实到行动之中。服务质量的标准不是一成不变的，需要随着行业变化和顾客思想动态的变化做出相应的调整。调整的过程也是提高的过程，只有不断地提高服务质量，顺应行业发展的要求，美容院才会永远立于不败之地。

美容院用服务争取顾客

服务是美容院竞争的最有力武器，在千变万化的市场上，除了硬件设施，那么就剩下服务了。由于人们生活水平的提高，对生活观念的改变，对服务的要求也越来越多，越来越高了。

当你的美容院基本服务到位时、达标时，那么你的武器是什么呢？特色服务、个性服务，当美容院的服务设施都雷同时，你的武器是什么？还是如此。

同样经营一个品牌的两家美容院，为什么会出现经营绩效方面的天壤之别呢？又比如，处在同一个小区的两家美容院，同样在业绩方面存在巨大的差异呢？同样的产品，同一个地区，类似的客户，竟然有如此的反差，究其根源。两个字——服务。清晰了这样的关系，其实也就明白了美容院经营的关键或核心了。这就是我们必须牢记服务这两个字，并真正领悟内涵，并从意识到行为层面贯穿到美容院的整个经营与管理活动中。

对每一个顾客应该提供适应对方的不同的服务。最重要的是一个美容院的服务是否一致，如果每一个人都用心去服务，那这种气氛会感染顾客，顾客对我儿马内就会产生信任感，这样，我们便可以和她充分的沟通，用专业化的服务去让他们认可我们，我们的服务也会产生价值带来利益。

一位顾客进入美容院的动机是多样的，要将他们发展为忠实顾客，就应该进行可户管理，然后采取相应的方法，赢取顾客的认可。

要让顾客充分注意我们，这个注意就是去引导顾客的消费冲动。当前商家引起顾客注意的方式有很多种：免费试用、打折优惠、金银卡会员等，但这些形式一旦被顾客习以为常后，就会提出更高的要求。假如美容美发中心一如既往的以降价吸引顾客，最后反会使自己陷入进退两难的境地。而真正的服务，则是从深层次的角度去吸引顾客的注意，让她们的冲动消费转化为理智消费，选择最适合自己的美容项目。

作为服务行业的美容美法业，“服务”就是最重要的内容，其服务的精髓，体现在三种价值体系中：

过硬的技术

顾客对美容中心的满意程度，体现在装修、设备、环境、价格等方面，但最关键的还是技术力量。假如一家美容中心有技术很高的美容师，生意一定不错。再好的护肤产品，如果使用方法不当、按摩手法不到位、操作程序不规范、仪器的运用不科学，那还是无法发挥出真正的功效。因此对于美容行业来说，认真、全面地掌握好技术，运用好技术，是最直接体现服务质量的核心。

服务的延伸

美容院是个温情场所，除了应有的服务外，应该提供额外的服务，顾客便会有愉快的感受。比如：免费提供一些小点心，使顾客在偶感饥饿时，随时可以食用；生日送一张贺卡，让她觉得，尽管是消费场所，仍是别人重视和呵护的对象；天下雨了，撑伞送顾客去乘车，或为她叫一两出租车，让她感觉到进出美容中心的方便与舒适，等等。当然，附加服务的形式应该经常变化，不能落入俗套。一般的商场很少注意附加服务，而对于美容服务业，附加服务是一种独特的延伸服务，会让美容服务充满关怀，充满温馨。

服务的与众不同

开设美容中心，真正的服务差别有很多内涵，服务对象、服务环境、服务价格、服务方式、服务品质等都应该和别的店有所区别。现在流行的连锁或加盟是其中的两种方式。但是，实践证明，连锁和加盟并非绝对制胜的方法。其实还可以采用经营（香熏、SPA 等）、品牌经营、专一项目（美体、护理等）、名店效应，这些都是利用服务差别价值来引起顾客的注意力，以达到吸引适合自己的顾客群体的目的。值得一提的是，服务差别的关键是要有真正的差别，不是仅仅在产品品牌、价格上做文章。要体现截然不同的风格，才有可能达到真正的目的。

以上三种价值的内在宗旨是为了更好的吸引顾客，让她们的注意力高度集中在自己经营的美容中心，使经营状况进入良性的运作之中。因此，选择一个适合自己投资、经营等能力又与众不同的经营方式，才有可能在竞争中站稳脚跟。

在美容院，顾客是最需要高品质服务的，高质量的服务会给顾客带来好的心情。专业化的服务会给顾客带来满足感，顾客有了满足感，我们的业绩就会上去。美容师也就有了满足感，因为收入增加了。员工要有好的品德，要想到我们为顾客想到了什么，做到了什么，要对顾客亲切，要微笑迎送顾客。

美容院的环境要给顾客以温馨和亲切的感觉，这样顾客才会乐意来接受服务，来消费，从而慢慢认同我们。

提高服务水平，抓好素质的培养教育是非常重要的。不仅要知识丰富，技术过硬，而且认识到服务岗位工作的重要性，美容师是我们服务的窗口，微笑服务是体现我们重新认识服务行业的开始，但真正的服务水平不是说出来的，只有充分得到顾客的认可，才算是做到了优质服务。不但自己要有极强的敬业精神，还要带动每一个员工对工作充满热情和积极性，从而形成一股强大的凝聚力。美容院本身就是以效益来求发展的，以质量求生存的，所以一名优秀的美容师就是美容院的的一面招牌。

美容院小老板赚钱秘笈

如果美容院只局限在基本服务的水平上，那么业绩只能达到平稳，但如果你有特色服务和个性服务，那么将会实现业绩突破。

不可忽视情感服务

美容业是情感行业，真情的交流会使顾客产生近距离的美感。把顾客当成“上帝”那样敬畏，结果容易产生距离，不适合美容业。美容院对待顾客要象亲人那样真诚，要建立一种真正的情感链，让顾客在受到服务的同时，也感到亲切的关心。

建立情感链，可以从以下几点去考虑：

记住顾客的名字

在当今社会中，人所有努力就是为了一个目标——实现自我价值。当在一个公众的服务场所，也就是说，一个并不应该对自己非常熟悉的地方，里面的服务小姐可以非常亲切的叫出自己的名字，会让人感到惊喜。因为，自己一定受到了很高的重视。美容中心进进出出的人很多，要是美容师都能记住每一位来过顾客的名字，而且不管她来过的次数是多是少，美容中心的忠诚顾客一定会越聚越多。

微笑服务，关爱顾客

人际关系都是相互的，当顾客进入美容中心，美容师报以真诚亲切的微笑，会很快拉近和顾客的距离。但是，微笑千万要注意真诚，勉强或夸张都会引起顾客的抵触。对于美容中心，训练好每一位美容小姐的微笑，应该放到培训工作的首要位置。

有了微笑的前提，和顾客之间打消了第一道隔阂，紧接着，关爱服务就应该贯穿整个护理的全过程。在每一位美容小姐接待顾客时，她们应该处于一种兴奋的状态，仿佛躺着的是自己的亲朋好友，为她做好护理或其它项目，都是一种真切的关爱，充满着与朋友交流的乐趣。在护理的整个过程中，顾客的每一个细节，包括延伸服务的那部分，都该用百分之百的注意力予以关注。这样，在倍受重视的氛围中，顾客享受到了最好的服务，美容院的向心力也就越来越强。

“听”重于“说”

顾客说得愈多，给你的信息也就愈多。一位顾客愿意向人倾诉，这说明她已经对你有了一定的信任感，这时你千万不要打断她的话头，并要正视她的目光，不时点头表示理解和认同。这样就会增加她对你的信任度。直到她向你征询意见时，用准确而富有说服力的表述很容易就能打动她。

“会说话的人，必然也是一个好的听众”。这并不是说会说话的人就善于听别人说话，一个好的听众才是一个懂得说话的人，上帝给人一张嘴，但耳朵却是一对，这告诉我们听比说更重要，在没有发现对于顾客，什么是最重要之前，冒然提供意见，你的意见会使得让顾客左耳进右耳出。因此，只有你完全了解顾客的需要后，你提供的意见才会被视为无价之宝。

加强与顾客全方位的沟通

加强与顾客全方位的沟通，是美容服务中的一大特色。美容师与顾客间的信任和情感，是在不断的沟通中建立的。美容师与顾客的沟通，语言是最主要的手段，但还要有肢体的语言揉合在其中，比如微笑、目光交流、微微点头、身体前倾等。当然，肢体语言要配合口头语言和面部表情，而且要自然流露、切忌夸张。

沟通要注意观察，不同年龄、不同职业、不同个性、不同气质的人，沟通的方式均有所不同，要学会理解别人的表情。如：对十分理性的顾客，话越多、表情越真切，有时却会适得其反，到不如用自信的神态，坚定的语言与之沟通，然后让她自己去思考，去做出决定，效果反而会更好。而对一些性格摇摆不定，又不太认可别人的人，可以采用反复阐述，坦陈心扉，让她得到有效的指点。

另外，在沟通和交流时，要注意不要攻击第三者来证明自己的正确，因为这样反而会显得自己内心的虚弱。

呵护老顾客，尊重新顾客

老顾客是美容中心赖以生存的土壤，对一些坚定的老顾客，一定要精心呵护，即使有些顾客已经老得有点“油”了，但还是该给她们有些特殊的待遇。有时，一分的付出会获得十分的回报。呵护老顾客的方法很多，送服务、送优惠是老办法，另外还可定期召开顾客联谊活动，让顾客在会上获得很多美容业的新信息，并为不同行业的人筑构一座交流信息、建立友谊的桥梁。同时也可以让顾客自排节目参与活动，并给予适当的奖励，情绪得到了释放，对老顾客的回报也得到了体现。当然，回报老顾客不拘形式，但都得让她们有所获得。

新顾客有很多类型，有些是喜欢不断换美容中心得人，他们是永远的新顾客；有些是新加入进来接受服务的，比如年龄增长了，皮肤出现问题了；也有出现特殊需要偶然进入美容中心的，比如要结婚了等。不断有新客户的增加，企业才会立于不败之地。新客户是美容业发展的新鲜血液，无论是哪一类新顾客，使当中的大部分人逐步发展成为老顾客最为重要。

美容院小老板赚钱秘笈

美容中心在经营中，如能从细微之处着手，仔细分析每一位不同顾客，了解她们的不同心态和状况，并建立起一条真情铸就的美容情感链，用以连接每一位前来美容接受服务的客户，使更多的人认可美容、参与美容、就会使美容院越来越兴旺。

注重服务细节

美容院要想在顾客的心目中建立起良好的形象，需要建立起优质的服务体系。而服务体系的构建中，最重要的一点则是细节问题。如果美容院在为顾客服务的过程中，将细节问题都一一处理好，也能够进一步提升在顾客心中的形象。

如何使用服务敬语

1. 您好！欢迎光临！只要是在店内碰到顾客，美容师都需停下来侧身向顾客微笑弯腰问好。

2. 对不起，请您稍等一下！在让顾客等待的时候，要表示歉意。

3. 谢谢您，辛苦了！随时向顾客讲，让顾客有一种上帝的感觉，而我们就是围绕在顾客身边带给顾客快乐美丽的天使。

4. 再见，请您慢走！礼貌用语要灵活使用，随时在工作中体现美容院高素质的服务水平。

美容师应怎样跟顾客握手

1. 时间要短，一般 3–5 秒，即说一句欢迎语或客套话的时间；

2. 用力适度，不可过轻或过重；

3. 必须面带微笑，注视对方并问候对方；

4. 上、下级之间，上级先伸手；年长、年青之间，年长者先伸手；先生、小姐之间，小姐先伸手；

5. 冬天要先脱去手套再行握手礼，在室内不可戴帽与顾客握手；

6. 不可双手交叉和两个人同时握手。

美容师应怎样接受或递送名片

1. 用双手接受或呈送名片；
2. 同时念出名片上对方的头衔和姓名；
3. 对方的名片要放人名片夹中收存，不可随意丢放；
4. 若名片未带，要向对方表示歉意。

美容师应怎样入座跟顾客交谈

1. 从椅子左边入座；
2. 女士用手抓住裙边慢慢落座；
3. 双手放在桌上或膝盖上；
4. 双脚并拢，稍微内缩；
5. 谈话时，要把身体不时转向左右两边的顾客；
6. 交谈结束，应慢慢站起，然后从左侧出来。

美容师跟顾客一起乘坐电梯时，怎么办

1. 梯门开时，用手压住电梯感应电眼，以防止梯门关闭；
2. 另一只手引导顾客进人电梯；
3. 进入电梯后，应立于指示板前，为顾客按欲去层数；
4. 若中途比顾客先离开电梯，应对顾客说声“对不起”或“再见”；
5. 让女宾顾客先出入电梯。

当顾客提出的问题，美容师难以回答时，怎么办

1. 美容师除了有良好的服务态度、熟练的服务技巧、丰富的业务知识

之外，还需要熟悉美容院的概况和社会情况。这样就能尽力避免出现顾客提出问题时，我们不懂或不清楚，难以回答的现象；

2. 遇到自己不懂或不清楚，没有把握回答的问题，要请顾客稍候，向有关部门请教或查询后再回答。如果提出的问题较复杂，一下子弄不清楚时，可请顾客稍候，待弄清楚后再答复顾客。经努力仍无法解答时，应给顾客一个回音，并要耐心解释，表示歉意；

3. 顾客提出的问题，不能使用“我不知道”“我不懂”或“我想”“可能”等词语去答复顾客。

美容师的手不要冰凉

不管在夏天还是冬天，顾客最害怕的就是当美容师的手接触到自己的肌肤时，还冷冰冰的。每当这个时候，顾客都有些敏感和紧张。想来也是，没有哪个人愿意让一双冰凉的手在自己脸上停留近一个小时，而且这样也会影响到产品的吸收和渗透效果。另外，美容师的手是否有弹性并柔软，能很直接地影响到顾客在护理时的心情。如果美容师因为这个小小的问题，让顾客把“享受”变成“忍受”，那会非常不值得。

顾客出现不礼貌的行为时，怎么办

1. 顾客出现不礼貌行为的情况不多，我们首先要分清这不礼貌的行业是属于什么性质的；

2. 如果是顾客向美容师掷钥匙、讲粗言、吐口沫等，我们必须忍耐、保持冷静和克制的态度，不能和顾客发生冲突，并根据情况，主动先向顾客赔礼道歉，只要我们谦虚诚恳，一般有理性的顾客都会为自己不礼貌的行为而过意不去；

3. 如果是男顾客对女美容师态度轻浮，甚至动手动脚，女美容师态度要严肃，并迅速回避，年龄大的美容师应主动上前应付；

4. 如果情节严重或顾客动手打人，则当事人应保持冷静和克制的态度，绝对不能和顾客对打起来，应马上向部门经理和保安部报告，由她们出面，根据顾客不同的态度给予适当的教育，同时将详情用书面形式向上汇报，并将事情经过及处理情况做好记录备查。

美容院小老板赚钱秘笈

当美容院的经营者无法预知顾客最看重什么的时候，就必须作得面面俱到。一家美容院的成功，很多时候是靠美容院个性化的温馨服务。细节决定服务的成败，美容院的经营离不开对服务细节的把握。

提供个性化服务

个性化的服务有广阔的市场空间。这是市场决定的，也是个性化服务本身的优势所在。

现在的美容、美发业较之以前已经是大不一样了。以前是技术门槛普遍偏低，产品或服务较单一，投资规模也不是很大。比如一个普通的乡镇美容院，美容师可能是从上海学的手艺，在一间房里，在一张床上，用一台蒸汽机、一个产品和一些简单的美容设备，就可以开张迎客了。顾客相对的要求也是不高，很容易就使双方都达到满意的效果。

现在则是完全不同了。人们已经不能满足于简单地到美容院享用一下护肤产品、搞搞按摩或者是进行简单的皮肤护理，人们的美容消费意识越来越强，要求也是越来越高，甚至是越来越苛刻。

目前，美容院尤其是民营美容院如何增加门诊聚拢人气，关键离不开营销。不能光等患者上门，而应主动出击，有意识的整合自身资源针对性的开展公关宣传活动，走个性化、精细化服务路线，同时运用差异化手段，结合自身专科特点和现有人力、设备、环境等因素，抓好全程服务管理。做好特色经营，形成口碑。

以往，由于美容院特定的专业性、技术性，一些美容院的员工潜意识中缺乏整体的市场营销理念和应对竞争的思想准备，在心态上往往较为机械被动，缺乏品牌塑造和商业意识，缺乏主动性和进取心。这往往会使自身处于弱势和不利局面。就美容院来讲，如何把自身的优势资源、业务项目、服务手段等尽快传播出去，快速占领患者的心智空间，离开营销是万万不行的。

近年来，美容已经不是女士的专利了，男士美容也逐渐兴起，而个性化的男士美容院更是吸引了众多爱美的男士。

某男士美容院隐身于都市高档社区，清雅宁静的环境，专属的空间……初进男士美容院，感觉同女士美容院并没有太大的区别。仔细观察，男士美容院却在细节处有着更为个性化的风格和特色化的服务。

环境：装修简约色调沉稳

男士美容院装修更加大气，用色多以沉稳的深色和清雅的蓝绿色为主，让人感受到现代、明快、简约的欧派风格。墙壁上张贴的也是一些代表权力与欲望的艺术画，少了几分华丽，却充分体现了男人的阳刚和大气。

服务：男女搭配各有所好

女士美容院里的服务人员都是女性，但男士美容院的美容师和护理师则是有男有女。至于选择男士还是女士服务全由顾客决定。据说，一般男士顾客都会在做美容时选女性，做按摩时选男性。

项目：类型相似产品有别

男士美容的项目和女士美容的项目名称有些相似，但选用的产品却大相径庭。比如芳香护理使用的是更适合男士的精油，如薄荷、檀香、洋甘菊。此外还有男士腰肾护理等，是男士美容院的特色项目。

娱乐：品茶下棋联网游戏

女士走进美容院一般是抓紧时间享受美容师的手法与产品的效果。男士则不同，他们喜欢先品品茶，看一会报纸，间隙时再下盘棋或联网打打游戏，从而舒缓工作中的紧张情绪，放松放松心情。因此男士美容院多设有休息和娱乐区，供顾客吸烟、喝茶和聊天。

舒缓减压成为首选

与以前男士美容只有单一的面部护理不同，如今男士美容院的项目更细致化、专业化、多样化。就拿男士身体护理项目来说，背部舒缓减压、精油火罐疗法、推脂去“将军肚”等有保健和放松性质的项目特别受欢迎，其中尤其以腰肾护理舒缓减压成为许多男人的首选。

在市场经济条件下，美容市场主体一定要研究市场，离开了这一点，美容院的经营与发展就会失去方向。美容院通过对医疗市场的分析，寻找自己生存与发展的方向，制定有效的战略计划。因此，专业化、现代化、人性化的服务理念和行动才是美容院自身生存发展的救世主。

美容院小老板赚钱秘笈

现在的美容行业提倡的是个性化服务。美容院要个性化，老板要个性化，美容师也要个性化。个性化服务当然不是哗众取宠或简单的标新立异，而是在实践中总结经验教训的基础上找出一种有别于其他店铺的服务手段和服务方式。

选择互动式的服务方式

一个真实的故事，一位美容院的老板把自己的中高层员工派到竞争对手那里学习，回来却发现根本学不会。这位老板事后总结说，归根到底是因为他们学来的只是一堆“招式”，而对手拥有的是“心法”。该老板说她理解的“心法”就是能与顾客有效互动，这是服务的最高境界，不是一时半会就能学来的。

当他们也按照对手的样子在顾客等候的时候给顾客提供免费饮料、小食品、跳棋扑克和上网等娱乐之后，却发现对手又有了新的服务，比如下雨天时给拿伞的顾客提供一个塑料袋用来装伞，因为雨伞到处滴水很不方便……这些随时与顾客互动、跟着顾客需求而推出的服务让同行业的人“防不胜防”，那老板因此大呼“学不会”。

决定服务质量的其实并不是那些免费的饮料小食品等物质的东西，而是服务人员与服务对象之间的关系。一位知名培训师讲过，“21 世纪最佳的服务方式是‘用顾客喜欢被对待的方式对待顾客’”，互动服务就是这样一种服务方式。

一位资深的美容导师说她发现店面内业绩好、受顾客欢迎的美容师，都是非常善于与顾客互动的。一次一个顾客称赞美容院的养颜茶好喝，当她做完美容出来后，发现美容师竟帮她打包好了一包养颜茶，这位顾客非常高兴从此成了老顾客；还有一位美容师，有次一位顾客说做完美容后要去参加一个朋友的婚礼，这位美容师在为她提供完美容服务后，还为她化了一个简单的妆，这位顾客自然很满意……这些都是与顾客互动的方式，“随机”应该是互动服务最明显的特点了，要知道服务流程永远不可能面面俱到，实际的服务过程中，我们会遇到很多突发的问题，而能有效解决这些问题，使服务能够满足顾客需求的，就是互动了。

一份数据显示：91% 的顾客会避开差服务的企业，80% 的顾客会去寻找更好的服务的企业，20% 为得到好服务宁愿花更多的钱。所以，当我们抱怨为什么有 80% 的顾客都会流失的时候，不妨去想想我们的服务存在什么问题，我们到底有没有和顾客真正互动起来？

互动，在服务行业里就是对顾客需求的挖掘、发现、满足和分享，最后一点“分享”很重要，服务是一个过程，分享能让这个过程充满愉悦，让顾客充分感受到你对他的关心和尊重。让我们来看一些关于互动服务的案例，一起来参透与顾客互动的心法，从而让我们的服务能为顾客带来愉悦，增强我们的竞争力。

这是余世维博士的故事：

在泰国曼谷，清晨酒店一开门，一名漂亮的泰国小姐微笑着和我打招呼：“早，余先生。”“你怎么知道我姓余？”“余先生，我们每一层的当班服务员要记住每一个房间客人的名字。”我心中很高兴，乘电梯到了一楼，门一开，又一名泰国服务员站在那儿，“早，余先生。”

“啊，你也知道我姓余，你也背了上面的名字，怎么可能呢？”“余先生，上面打电话说你下来了。”原来她们腰上挂着对讲机。”我退房离开的时候，刷卡后她把信用卡还给我，然后再把我的收据折好放在信封里，还给我的时候说，“谢谢你，余先生，真希望第七次再看到你。”第七次再看到？原来那次我是第六次去。3 年过去了，我再没去过泰国。有一天我收到一张卡片，发现是他们酒店寄来的：“亲爱的余先生，3 年前的 4 月 16 号你离开以后，我们就没有再看到你，公司全体上下都想念得很，下次经过泰国一定要来看看我们。”下面写的是祝你生日快乐。原来写信的那天是我的生日。

看了上面的故事你有何感想？这是余世维博士在泰国一家酒店的经历，做到如此服务，怎能不赢的顾客的心？应该说这家泰国酒店是真正做到了全体统一的互动式服务。

一位在当地颇受好评的美容院老板曾说过她的“秘诀”，就是为每一位顾客营造一种氛围，当顾客走进美容院的时候，迎面而来的每个人都会微笑着和顾客打招呼问好，不管是前台还是美容师或者清洁工，都能清楚的记得顾客的姓名。这位老板说，对于细节来说，100—1=0，如果你有一个员工做的不到位，没有很好的与顾客互动，没有为顾客提供好的服务，其他员工再怎么努力也无法弥补，因为顾客不会认为这是个别员工的问题，而会认为这是你品牌和企业的问题。所以，与顾客互动要全体服务人员都互动起来，让顾客感受到是品牌和企业在与他互动，从而赢的顾客的信任，赞美和忠诚。

如果你想要为顾客提供高质量的服务，如果你希望顾客因为你的服务而流连忘返，那么就一定要学会互动。互动是服务的最高境界，是从上至下，从全体到个体的互动。互动并不是一厢情愿的设计一大堆比电脑程序还复杂的服务流程，而是按照顾客所预想的方式来实现，比如顾客在你的美容院里能否喝道她想喝的饮料？你的美容床头枕的部位是否考虑到了颈椎有问题的顾客？你美容院放的音乐都是顾客喜欢的吗？

如果我们都能与顾客互动起来，那么我们就能发现顾客很希望却并没有说出口的服务；如果我们能与顾客互动，那么我们就能充分的满足顾客已经提出的需求；如果我们能与顾客互动，那么即使顾客提出的需求目前无法直接满足，我们也可以间接地满足（比如文中让顾客参观后厨，来满足顾客不想无聊的等的需求）；如果我们能与顾客互动，那么我们就能留住顾客的心，立于不败之地。

美容院小老板赚钱秘笈

美容院的服务就是要去发现顾客都有怎样的需求，喜欢什么样的服务方式，不放过任何一个细节，永远与顾客互动。

创新服务，提高服务水平

任何一家美容院，若想提高自己的服务素质，不断取得进步，还必须在服务方式上多下些力气，花费些工夫。这一点是十分重要的。在现实中，有很合美容院老板都固守一隅，抱住以往的陈旧服务方式死死不放，久而久之便难以提高自己的服务水平，从而落的于其它竞争对手，经营业绩也每况愈下。

当然，也有一些美容院老板具有创新的意识与愿望，但她们却找不到新颖有效的服务方式，因而也难以实现提高服务水平的愿望。实际上，服务方式是多种多样的，而且常常层不出穷，关键就看你是否善于寻找和发现了。

在不同的时代，就会有不同的服务方式。服务方式的改变，是同美容顾客和美容顾客需求的变化息息相关的。今天的美容顾客只要服务能适应她们的新需求，即使多付一些钱也认为是无所谓的事情。这一点，理应引起美容院老板的充分注意，是其决定采取这种服务方式时必须认真予以考虑的事情。

善于虚心·地向他人学习

深训某美容院，美容师总是面带微笑地为美容顾客服务，直至午夜一点钟。美容院的规章严禁收取一切附加费用：供美容顾客免费使用的电话，免费供应美容茶水，这种服务方式十分受到顾客欢迎。

还有珠海一家非常有名的美容院，其最吸引便是拥有花样繁多的服务方式，为在美容顾客替代服务这件事上总是不遗余力地花样翻新，而且常常为美容顾客提供免费服务。

革新服务方式就是要不怕麻烦，尽量为美容顾客提供最好的服务。比如，现在有许多美容院都已经推出了，在美容院购买消费卡的顾客，可以免费享受全年的机票、火车票订购以及送票上门等多种的服务方式。

经常给顾客制造惊喜

比如，你可以告诉顾客美容院将从这些“嘉宾卡”中选出一个序号，被选中的美容顾客会享受“打折”的优惠待遇，具体打多少折为宜，当然要使自己的情况而定了。除了每天选一个“幸运美容顾客”外，还可以在每月中选一个或几个“幸运美容顾客”，给他们以更大的“打折”优惠，或者他们准备一些礼物奉送。还有，你可以规定凡来美容院的美容顾客，消费超过一定钱数者，也可以享受“打折”优惠。这些优惠的做法，实际上满足了美容顾客喜欢“碰好运”的心理，正如每年的抽奖活动那样受欢迎一样，你的这些“有奖销售”活动，事实上也会吸引住美容顾客的目光。所有这些服务方式，你不妨一试，以便抢占先机，比别人早走一步。

适应美容顾客对“一星美容院”的新要求

人们常常听说“三星级”“四星级”或“五星级”美容院，却无人听说过“一星级”的美容院，实际上，这是美容顾客们对美容院提供的新要求，也是美容院向大众化发展的新思路。因为相对于现实中的各种的“星级”美容院来说“一爱”美容院才是大众愿意去的地方。“一星”美容院推出的产品和服务，并不亚于“一星”以上的美容院，最大的差异在于它的装饰与地段等，许多“一星”美容院奉行“普通美容院的价格十星级美容院的服务。”这种服务理念已经越来越多地为顾客所喜爱，赢得了大众的青睐。

“限制美容顾客人数”的反常服务方式

美容院服务甚至可以发展到限制美容顾客人数，这是否有些反常呢？其实，这样做一点也不影响美容院的收入，反而会认为美容院的这种行为是保证服务的质。保住那些常客、回头客。所以说，限制美容顾客人数实际上是一种用长远的眼光看待自身发展的服务方式。这个理由是完全可以理解的。

由此可见，美容院老板务必把自己的眼光放长些，把服务的重点放在“回头客”身上当然，这样不意味着可以置“头回客”于不顾。一定要记住，不能做得太过分否则就会失去很多有可能成为“回头客”的回头客无法扩大客源。所以，在这用“限制美容顾客人数”的服务方式时，必须注意把握好一个“度”。千万不能过度，更不要无度。

招待“特殊美容顾客”的特殊照

任何一家美容院，都必须保持“好客”的风度。然而，由于美容顾客的种类多种多样，有些美容顾客不仅对服务特别挑剔，而且往往会说出一些令人感到不中听的话。面对这些“特殊美容顾客”有些美容院老板就无法再保持住“好客”的风度了。这种做法，无疑会使美容院的形象受损。因此，美容院老板必须注意时时都要保持“好客”的风度，即使面对那些“特殊美容顾客”也不例外。关键的问题在于，必须灵活应付，掌握招待“特殊美容顾客”的特殊服务方式。

稍稍“多一点”，就能显示出巨大差别

时至今日，美容院之间的竞争不再只表现在产品与技术的质量与价格方面，而且也表现在与产品、技术质量与价格相联系的各项服务方面。今天，重要的是“产品与专业技术质量——产品与专业技术价格——服务”之间

的关系如何，只是把握住这样一个“三位一体”的系统，才能赢得更多的美容顾客，提高自己的竞争力。许多美容院每年平均失去 35% 的最终实的美容顾客，在这些美容顾客中，有 18% 的是出于无法避免的原因（如搬家或死亡等）才离去的，而 68% 是由于美容院服务质量一般或可能受到怠慢或冷遇而去“别处看看”的，14% 是由于原来的美容院没有圆满地答复他们的某项投诉和询问。

这说明，美容院必须在提高服务素质上下功夫，然而，究竟怎样才能提高服务素质呢？实际上，做到这一点也不难。很多人之所以感到难了就是因为“不识庐山真面目，只缘身在此山中”，不懂得如何跳出来，转换思维方式，借鉴有效经验。下面，这张较为详尽的单子上就摘取了美容院服务所说的稍稍“多一些”指何而言，怎样才能做到“多一些”。

停车场地；化妆品的陈列与介绍；咨询和接待；引导消费意向的服务；登门向投诉者致歉；结账的方便度（信用卡、信用证等）、赊售、折扣等。忠实客户卡；付款处的等待时间；化妆品质量保证；昼夜 24 小时服务；上午 10 点前有人接电话；免费提供包装袋、包装盒；设立美容顾客投诉处或意见箱；失物招领处；礼品或包装；男女厕所；衣帽间；物品寄存处；办理电话订购、预收服务；免费供应某些特定的食品或果品、饮料；照料动物；建立广告牌；分发化妆品目录；分发产品说明书；免费打电话；复印资料；举办某些免费培训班，等等。在上面所列的稍稍“书一些”的服务方式中，基本上都与美容院服务有关，只不过有的更加适用于高档美容院，有的却更加适用于小型的或中低档美容院。只要你能把这些稍稍“多一些”的事情做到，那么，就足以使你把周围的竞争对手击倒在地了。

美容院小老板赚钱秘笈

假如美容院老板还是停留在传统的思想观念中，是难以真正实现服务方式的革新的。革新服务方式的第一窍门，就是要突破陈规，具有开拓进取的精神，永远不满足于现状。

选择合适的售后服务

很多美容院自己没有售后服务的想法，售后咨询和维护等服务完全依赖美容产品厂家给予的策划方案和相关支持去处理，这样的美容院多半是代理美容专业产品的美容公司的加盟店。这样可以节约经营者的费用和精力，但同时对经营者来说也存在降低服务质量的隐患，因为总部很难根据美容院的实际情况对症下药。

还有一些美容院，是将售后服务作为美容院服务的提升和市场竞争的武器。通过售后服务，获取顾客的忠诚度而达到占领市场的操作模式。但是往往在成本上，不知道如何去把握。这种方式对保持顾客忠诚度效果很好，却存在长期的售后服务投入成本与当期的短期获益难以衡量的问题。

美容院做好售后，更理想的状态是针对顾客的需求提供一些超值的服务。一般常见于大型会馆型美容院，就是成立专门的顾客服务部，设置专门的服务空间，提供诸如女性讲座、休闲书吧等服务，用超值的售后服务作为美容院的增值服务来吸引顾客进店。这样既保证了美容院服务的售后问题，又可利用自己独特的售后服务模式复制加盟店，使加盟成为经营者的又一利润创增点。但该种模式适合有一定经济实力，且经营上比较成熟的美容院。

在准备开展售后服务前，我们先看看我们售出了什么？美容院作为典型的服务行业，给予顾客的是有形的服务和无形的服务。

打个比方，有一位女士因为脸上长有痘痘苦恼不已，来到美容院后，接受了一个疗程的祛痘护理，皮肤有了明显的改善，这位女士很高兴。那么，美容院的祛痘护理项目对这位女士的皮肤有帮助，是大家有目共睹的，这就是有形的服务。同时，如果这位女士接受祛痘护理之后，她对美容师的技术（手法）很满意，她就会对美容师产生一种好感、信任感，很可能她就会计划着下次再来店，成为店里的回头客。下次来店里时，因为对某一位美容师的手法有好感，她可能会指名希望某一个美容师为她服务。

当客人在美容师的精心护理之下，经过一段时间之后，她的皮肤状况得到了明显的改善。客人的皮肤好了，她的朋友就会向她打听在哪里做的，这样，她就会介绍新客人来店里。美容院的口碑出去之后，就会不断有新的客人来店里。这样，店里的人脉就会不断地扩大，逐渐地店里的固定客人就会增加，并且越来越多，店里的生意就会越来越好。

那么，这种客人带客人的现象，很大程度上取决于无形的服务，因为美容师的专业技术和服务态度需要顾客去感受。

无论我们售出了有形的服务还是无形的服务，我们都需要提高服务带给我们的价值，并继承发展。那么，售后服务就尤其重要了。

在国外，美容院售后服务极其完善。但在国内，美容院仍旧处在市场竞争初期。企业盲目的承诺，及市场消费水平较低等因素，使顾客已形成了“去美容院美容的同时也要体验到美容院良好的服务”的观点，认为美容院售后服务应该是免费。因此经营者不能为完善售后服务而高投入低产出，盲目做大做强，也不能通过降低服务质量而缩减服务成本。

要想建造顾客忠诚度，就需要有一套能帮助你理解和满足顾客需求和期望的策略。这类策略之一就是寻找途径透过顾客的眼睛来看你的美容院。

首先取一份调查表，让顾客从调查表上标出选择通常并不够好。另外，有没有给顾客留出地方写下他们的意见。也许顾客会在这个时候提出她不满意的地方。面对不满意顾客，美容院可以参照以下几个步骤进行服务：

1. 要对顾客所经历不便的事实进行承认和道歉，一句简单的道歉语往往是留住顾客忠诚强有力的第一步，自我道歉语言要比机械式的标准道歉语更有效。

2. 倾听、移情、问一些开端问题。生气的顾客经常会寻找一位对其遭遇表示出真实情感的好听众。

3. 要针对问题提出一种公平的化解方案。一旦顾客对问题采取了情感性的响应，美容师就要从基本问题着手进行处理。在这个阶段，顾客必须感觉到美容师有处理问题的权力和技能。顾客要求的是行动，而非仅仅是几句空话。

4. 要针对带来的不便或造成的伤害给予顾客一些具有附加价值的补偿。顾客会对那些表示出真诚歉意的、合理的姿态感到满足。

其实，做好售后服务，既是“价格竞争”也是“心理竞争”。所谓“价格竞争”是指在不提高服务价格的同时，又提供一些额外的服务，成本较小，却可以吸引更多顾客。“心理竞争”是说，售后服务由服务方主动提出，可以充分显示服务方的诚意，也可以借此拉近与顾客的关系，满足其心理需求，使顾客获得一种贵宾的感觉，充满了美容文化的氛围，使顾客充分感受到舒适和惬意，从而忠实于你的美容院。

美容院小老板赚钱秘笈

美容院想要获得持久的效益，不得不做好售后服务，留住老顾客，加深顾客对美容院的印象，让顾客的冲动消费转化为理智消费，赢取顾客的认可。

第五章 怎样推销美容产品

许多美容师都反映产品推销工作是比较难把握的。而且在推销过程中，说话方式、推销方法、时机等一旦把握不好就会引起顾客反感。可是产品销售又是许多美容院收入的重要来源，因此如何做好产品推销对美容师而言就显得尤为重要，美容院员工更要掌握一些产品推销方面的一些原则和细节以及应对技巧。

促销不是盲目的，也要做好准备

美容院开展的一些促销活动，不但能够提高业绩，而且也给顾客提供了一些优惠。多开展一些促销活动，可以帮助美容院吸引顾客，从而达到提高业绩的目的。

无论是新产品、新技术的推广，还是为了能保持店内营业收入的稳定，美容院会选择以促销方式来扩大自身的影响力。为了保证促销活动富有成效，美容院应该有哪些准备呢?

调研收集资料

美容院在组织促销前必须了解目前的市场状况及自身状况，它主要包括:

①了解当地消费群体的消费意识、水平及能力，从而可以知道人们是否接受美容院的产品，接受不了的原因在哪里，是因为确实消费不起，还是不愿在这些方面投入等。

②了解清楚顾客的消费习惯与周期。很多地区的顾客在春、秋、冬季购买化妆品的的概率大，在夏季则很少购买；也有的顾客喜欢在双休日外出消费，因为那时有很多商家都会有各种各样的活动或优惠。美容院在准备开展促销活动时，可对已有顾客利用她们在美容院的档案表进行分析，从她们的档案表中了解她们的消费习性与周期，有助于安排促销期的时间

与活动内容，针对顾客群的消费习惯培养美容意识，尽量保证淡季不淡。

③美容院本身已经拥有的产品定位于哪个档次，它的主要功能是什么，除了清楚地知道自己已有的产品外，还要去了解目前市场上所流行的消费趋势怎样。例如，现在人们主要看重纯植物保养类产品，还是中草药功能类产品；市面上的产品与自己美容院所经营的产品比较，哪个更具优势，优势在哪里；是产品品牌知名度高，还是产品效果显著，还是产品的售后服务到位等，正所谓“知己知彼，百战不殆”。

确定促销目标

美容院必须首先确定目标顾客，设计出一种或几种吸引人的促销活动。要想使美容院的促销策划发挥作用，就必须明确以下三个目标：

①时间意义上的促销目标：淡季以培养顾客信心、刺激消费来达到业绩的高增长；节假日应该营造节日气氛，以提高人均消费。

②产品生命周期意义的促销目标：对新引进的产品或技术促销（有趣味游戏活动、专业推荐、公众广告宣传、宣传彩页派送、试用装派送免费试做等手段）；销售中的产品或技术（有文化节、价格优惠、设抽奖酬宾、顾客联谊会、赠送贵宾卡等手段）；库存产品后旧技术（有价格折扣、文化活动、附加赠送等手段）。

③以特定对象为目标的促销手段：对老顾客以提高其对产品的信任与认识，使其树立品牌形象为重点，而不定期开展促销则是为了刺激潜在顾客。对象不同，促销手段就会不同。

把握促销时机

重大节日。每年的重要节日，都是办促销的好时机，例如：元旦、春节、妇女节、母亲节、中秋节、圣诞节等。

美容院内部特定节日。美容院本身的特殊纪念日亦是促销的好时机，如周年庆典等。

年度高峰时期。美容院淡、旺季向来明显，我们可选择每年业绩最低的月份举办促销活动，以拉高平均业绩。

店内人员气氛不佳时也要开展促销。当店内人员共识与气氛出现了危机时，可举办促销活动，促进店内团结气氛。

一般情况下，美容院一年可举办4～5次促销活动，每次促销活动都要有完整的计划，确保每次促销都达到预期效果。

设计促销优惠内容

促销优惠内容有许多种，哪一样适合就采用哪一种：

①服务。有周期性的服务，如洗头、烫头等。立竿见影的服务，如简易按摩、烫睫毛或离子烫等。

在特定的商圈内部，有其特定的服务项目。商圈内知名的服务，是促销的重点。我们可结合此项服务做促销，以扩大市场占有率。

②产品。技术服务与销售产品，是美容院的两项主要收入。当我们想要促销产品时，可考虑下面几种特性：

潮流性：比如一家世界知名的美容品公司推出的“补水排毒”的护肤理念，这种理念被一些顾客接受，形成了皮肤护理的消费潮流，结合潮流搞促销就比较让顾客接受。

季节性：比如夏季的洗发液、年底的发型设计类，这些和季节有倾向性联系的产品在适当的季节就很容易让顾客接受。

滞销品：把滞销品以优惠的促销价格或者作为其他消费的搭配来推广给顾客，是美容院常用的手段之一。既让顾客得到实惠，又减少了可能的损失，一举两得。

特色功能性：特色经营是有很大市场的。一些独有的、有实用功能的产品或者项目，在弥补市场空白方面，是其他美容院无法与之相比的，其优势相当明显。做这种促销，不仅仅能取得高利润，而且很容易引领新的消费风潮。

确定促销时间的长短

促销时间的长短问题，需要引起美容院老板的注意。如果时间太短，一些顾客由于太忙或由于其他原因而无法享受到促销的好处，可能就会感到很不满足。促销时间如果偏长，则很容易使顾客产生误解，可能认为是长期降价而不是促销，就会对一些优惠或折扣失去信心，后果严重的甚至还会使顾客对产品质量产生怀疑。

一位世界著名的营销专家根据自己的调查研究发现，最佳的频率为每季度有三周左右的优惠活动，最佳时间长度为平均购买周期。当然，这也不是一成不变的。美容院要随着促销目标、顾客购买习惯、竞争者战略及其他因素变化而进行灵活调整。

选择正确的促销方式

选择一个合适的促销方式至关重要。在节假日期间或其他一些特殊的日子，大多美容院都会开展促销活动。每个店有每个店不同的促销方式。无论采取何种形式，必须是贴近顾客的和有针对性的。哗众取宠、华而不实，往往会令顾客反感，失去原来的意义。

根据自身的条件和实力制定出切实可行的促销形式，这也是美容院进行促销所应考虑的重点问题。例如，有些美容院在刚刚试营业时，实行大规模的假日促销是很不错的促销手段。如果这家美容院面对的是普通大众，这种方式是可行的；如果店铺的定位是高档消费者，如果付出的成本不是太大的话，那么这种促销并不见得有很好的效果，也许会影响以后的正常经营。因为这很容易造成“高不成，低不就”的尴尬的局面。

明确促销主题

客源来源。如以当地居民为主，就要考虑当地居民的生活水准、共同喜好等。还必须考虑当地居民的媒体感应程度。

针对主要顾客群。先设定好店内目标对象，按每个年龄层所占百分比、收入百分比、本商圈与其他商圈来客量百分比、会员或非会员比例、主要职业划分等进行顾客结构设定。

明确促销主题。能够让顾客一眼就看出美容院在做什么、要表达什么，这样的主题就是简单的、有创意的，也是顾客喜欢的。一般的主题语不要超过15个字，文字要通俗易懂，紧紧抓住顾客心里的主题才是好主题。

美容院小老板赚钱秘笈

充足的准备，是任何一次活动成功的保障。要做好促销活动，同样也需要充足的准备。

了解顾客的消费需求

在美容院的产品销售过程中，一定要考察市场，了解顾客对产品的需求心理，才能准确把握标准，更好地销售。

每个人购买某种产品的目的都是为了满足他背后的某些需求，而这些需求的满足大多数时候并不是产品表面所提供的功能，而是这些产品满足了客户消费背后的某些价值观或感受。例如，许多人买车买的并不是车子本身。他们买的可能是车子所能够带给他们的某些感觉，比如说便利的感觉、安全的感觉、舒适的感觉、身份的象征、成就感、自信心等，这些就是所谓的价值观。

所以，推销的第一步就是找出客户的真正需求，这样你才能引导对方买下你所推销的产品。当你充分了解你的产品并且推销技巧日臻纯熟的时候，你的这种能力也将日益提高。最顶尖的推销员就是让这份能力变成一种本能，在掌握人心的情况下，充分发挥出推销的本领的。

皮肤需要式消费需求

有很多顾客是在自己的皮肤出现问题的时候，才想起到美容院进行皮肤护理并选对症的化妆用品。这些顾客皮肤大多出现了斑、皱纹等问题，她(他)们最关心的是使用后的效果。因此美容院在针对这部分顾客的消费需求时，要尽量做到护肤质量高、效果显著，价格略贵一些，她(他)们也愿意接受。

跟风式消费需求

人们都有从众心理，喜欢跟风。在商场中如果什么地方人多，那么人就会越聚越多，如果哪一样商品卖得好，本来不需要，顾客也会买一个乐呵呵地拿走。美容院的销售也是如此，如果某个顾客在美容院购买了护肤品之后感觉效果小错，那么顾客就会告诉给亲朋、好友，这些人就会跟风式地使用该种产品，这样就会形成一个消费网络，销售得也会更好。这也就说明，美容院在选用产品时一定要质量过关，效果好，以便形成更大的产品消费网络，增加美容院的经营利润。

自我需要式消费需求

有的顾客在使用美容产品时非常小心，也非常讲究。这些顾客都是收入较高，消费比较有档次，特别关心自己脸部皮肤，注重面子。对这些顾客来说，一定要品牌好、效果佳，价格高低她(他)们不太在乎。重要的是自己的面部用过化妆品，是否有明显效果，能不能延缓衰老。如果没有效果，她(他)们是坚决不会选用的。所以美容院在选购美容产品时一定要注意质量，以满足这类顾客的消费需求。

顾客购买产品的心理过程一般是通过广告、宣传单了解产品，对产品产生浓厚的兴趣，从而产生购买的欲望。所以在顾客来到美容院之后要多介绍产品，以此来刺激顾客购买，必要时也可以让其试用，亲身体验，这样说服力会更强。

状况提问法，是了解顾客目前状况而提出问题，主题与目前要推销的产品有关，如：您常到哪间发廊做头发？

问题提问法，是得到用状况提问法的回答后，探求顾客的不满而提出问题，一旦知道顾客有不满之处，就有机会发掘顾客潜在的需求，如：您感觉 ×× 发廊怎么样？

暗示提问法，是指发觉了顾客可能的潜在需求后，可用暗示的提问，提出对顾客不满的解决办法，如：如果有一间发廊采用正宗日本头发肥料做焗油，保证头发柔顺亮泽一个星期，价格只需 180 元，否则无效退款，您觉得怎么样？

不了解顾客需求就进行推销，就象医生不了解病人的病症就乱用药，是白费劲。销售人员应在了解顾客需求、使顾客迫切意识到自己的需求后，才有成交的可能。发掘顾客需求，就是让顾客由可有可无的需求，过渡到意识到自己的需求，而且想立即解决问题。

发掘需求的方法是“提问＋倾听＋观察”。应灵活地运用两种提问方式，采用开放式的提问可以了解顾客的情况，使用封闭式提问确认自己的对顾客理解。同时，要注意倾听顾客的回答和说话，观察顾客的表情、反应，捕捉有关需求的内容，便于继续提问，掌握顾客更多信息，向成交方向迈进。

美容院小老板赚钱秘笈

每一个购买行为都满足着客户的某些需求。客户为什么会购买你的产品？你也许会认为，是因为产品的价格低，或是因为产品的质量好，所以客户才会购买。也许有时候是这样，然而大多数时候，购买行为的发生，并不仅仅只是因为产品的价格或者是产品的质量。

美容院如何进行宣传

美容院从营销上讲属于营销终端，同时又是构成街市的重要风景，在一定程度上反映了一个地区的经济发达程度与人文景观。一些规模不大的美容院更是星罗棋布于城镇各处。

然而，近年来雨后春笋般涌现出的装修豪华，功能齐全，服务周到，交通便利的大型美容院对于小型美容院来说，显然是一个巨大的冲击，再加上近些年各地下岗的失业人员增多，农业剩余劳动力向城市流动，造成同类小型美容院增多，生意难做的现象。

一些小型美容院广告投入偏少，即使一些精品特色店，也是如此。宣传利用渠道单一利用当地报纸，而且偏重于晚报，偶尔有利用广播的，还有少数美容院只在自家门口做几个灯箱广告。

有些店铺没有名称，只是简单挂一块招牌，上书“美容美发”之类，有些即使有名称，却往往雷同，比如“靓丽美容院”等，一些店铺由于商住合一，所以生活色彩教浓厚，有的地方随处可见锅碗瓢盆，有的忙于缝缝补补，有的地方四处悬挂衣服，这些对顾客还是有很大的影响。以上问题总体反映了相当一部分业主品牌意识不强，还没有认识到搞好宣传推广对美容院经营的重要性。

因此，如何吸引大众的目光，获得较多光顾，增加人气，对于有着明确，较窄经营范围的小型的美容院来言，是一个值得探讨的问题。所以，美容院的宣传广告是不得不做的。

如何吸引顾客来店里做美容、美发？顾客对自已的店铺感兴趣的地方在哪里？自己的产品具有哪些优势？自己的特色服务顾客喜欢吗？这才是店铺需要重视的广告定位问题。

还有，自己的美容院是针对哪一些顾客而服务的，这些顾客都有哪些具体的需求，店铺对这些顾客的美容习惯的理解程度如何，这些顾客最需要店铺完善和改进的地方在哪里等，都是美容院做广告时必须考虑的问题。

美容院广告定位把握不好，其广告效果事倍功半；广告定位科学合理，其广告效果事半功倍。

美容院在决定做广告时，选择好的广告媒介是非常有必要的。因为广告媒介的不同，就决定着宣传效果的不同。

选准广告媒介。首先，就是考虑把信息有效地传递到顾客那里，让目标顾客能够在第一时间接收到美容院的广告内容。确定恰当的广告发布时机，对美容院来讲，也是很关键的一个环节。

广告发布时机，具体指广告应选在什么时间、什么地点发布出去最为合适。如在春节期间搞促销活动，就应选择在春节前 30 天准备好所有的与促销活动有关的事项，并在活动的前 10 天发布广告，告知顾客促销活动的详细内容。

只求数量不重质量的滥做宣传是要不得的，白白浪费了人力、物力和财力。美容院要利用恰当的广告发布时机，努力制作少而精、最有轰动效应的广告。为什么有不少美容院不惜重金，而广告效果反而收效甚微呢？其根本原因就在于没有确定合适的广告发布时机，造成广告力度弱，受众人数不多，也就无法让多数人了解，更无法深入人心。

下面我们介绍一些具体广告宣传方法：

1. 增强品牌意识。观念上树立品牌推广的重要性，品牌宣传不仅对大型美容院，对小型美容院有一样重要，同样能产生很好的利益推动作用。

2. 加大投入。适当利用报纸电台电视户外媒体或印发一些宣传资料，把一些促销信息，产品信息，及特色服务的信息及时传递过去，尤其在销售旺季到来时，更应该这样做，以广泛吸引消费者。

3. 注重店名的设计。力求雅俗共赏，富有亲切性，亲和力，做到从店名上就能吸引人，比如同样是美容美发店，有的就命为某某形象设计中心，某某皮肤护理中心，把对问题的理解提高一个层次。

4. 讲究店面店内装饰。店面是一家店铺形象，设计得整洁美观会给人留下很深的印象，让人闲逛也愿意进去，成为吸引人气的不可偏废的一笔，店铺内部多张贴几张产品宣传画，布置出其乐融融的气气氛，写出欢迎用语之类，不用很大的投资就可以使顾客有个好心情。

一个完整的牌匾设计内容应包括：店铺名称，属性，经营种类范围，门牌位置，联系电话，还应该有广告语，体现经营理念与作风，当然字的大小可以根据设计需求适当调整。

5. 适当增加文化气氛。比如在书报拦上摆几本新出版的时尚类刊物，过年过节时写一些春联等，这样可以扩展顾客感受。经常有条幅，立牌等宣传标语，以烘托气氛。

6. 经常开展一些促销活动，以吸引新的顾客。比如节假日打折，降价，每日有特价服务，在节日时比如情人节，妇女，母亲节有礼品赠送或相应的折扣。

7. 改进与加强服务。除了地理环境处于闹市区之外，一些店铺的服务对象便呈现出明显的区域性，即有一个辐射半径，应着重通过搞好服务，加强与所在社区及周边单位的关系，吸收回头客，作为一种促销手段。

总之，美容院在经营过程中，突出宣传推广的整体性，情感性，广泛性，时代性，对自身的发展是大有裨益的。

美容院小老板赚钱秘笈

美容院在媒介上，一定要从客户出发。美容院只有占据顾客的心灵时，才会占据顾客的市场。所以一定要多为顾客的需求着想，才会有效达到宣传的目的。

如何确定美容院的营销策略

一个美容院经营的成功与失败，营销策略在其中也起着重要的作用。在一项经营活动中能准确运用营销策略，不仅能使生意更加红火，而且关键时刻还能赢得绝处逢生的曙光。

人做亦做的营销策略

有人说做生意就是跟风，也不完全是这样，但有时也是必要的。例如，同样是美容院，别家新增了几项美容护肤的好项目，拉去不少顾客。你就要多方打听将项目搞定，然后也随之开设。如果你无动于衷，那么就有被淘汰的危险。

因时而动的营销策略

做生意要做活，经营美容院也是一样，作为经营者要眼观六路、耳听八方，行业中和社会形势一旦有什么风吹草动就要想对策、找措施去应付。无论世事如何变迁，你只要因时而动，因势而动，就会立于不败之地。

主动服务的营销策略

为什么要突出主动呢？因为主动服务有时是很有用的。比如在顾客高峰期，等候厅内坐满了顾客，这时员工就要根据情况，采取主动服务，不要冷落顾客。例如，某一顾客是做皮肤护理按摩的，这时可让她先去接受皮肤清洁服务。虽然这一项目是额外添加的，可能会使美容院牺牲一些成本，但对顾客来说，她会非常满意，也打发了漫长的等候时间，打消了顾客的烦躁情绪，同时美容院也留住了一个顾客。

价格可变的销售策略

社会的形势总是不断变化的，物价和人们的生活水平也会起伏不定，这样美容院就要在价格上有一个浮降幅度，适时调整，以迎合顾客的消费能力，维持经营。

软、硬件管理得当的营销策略

所谓的软、硬件就是美容院人员语言服务和环境的管理方面。作为一个出色的美容顾问，她在接待前来探路的顾客时就要讲究一些策略，力求赢得顾客的心，并将其发展成为老顾客。当顾客走进美容院时，美容顾问要主动微笑地迎上去，真诚地说：“欢迎您光临。”然后彬彬有礼地将顾客让进咨询室。美容顾问要对顾客说：“您咨询哪一方面的问题？”顾客会说：“我也不知道，只想过来看看。”注意这时如果不是一个好的美容顾问，她听到顾客这么说会立刻失去信心，进而对顾客敷衍了事，而有经营策略的美容顾问会说：“没关系，我给你看一下皮肤。或许您能得到一些信息，这对您自己护理皮肤会有帮助的。”这时顾客会打消顾虑，尽量配合美容顾问。通过美容顾问耐心细致的讲解，顾客对美容院的信任度就会随之增强，并可能成为真正的顾客。

环境也是一方面，如果环境差，硬件设施不好，顾客也难于安心做美容，所以环境管理策略也是很重要的。

适时宣传的营销策略

现代社会酒香也怕巷子深，广告已成为商家宣传的武器，一些广告词已成为人人皆知的经典。这就是广告的魅力。它通过对人们的耳濡目染的影响力而接近人们，征服人们。所以美容院也要适时利用宣传，扩大声势，提高知名度。

品牌营销策略

美容院服务品牌化，就是美容院建立自己各种美容服务品牌和利用品牌来促进营销，也就是品牌营销，由于品牌是有形的，美容院服务品牌化是美容院服务的一种有形化，品牌化策略也是一种美容院服务的有形化策略。

由于美容院服务的无形性，美容院的服务特色比较难以识别和建立，而美容院服务品牌作为美容院服务的一种有形线索能向市场提示其服务的特色，从而有利于美容院服务特色的识别和建立。

美容院小老板赚钱秘笈

现在的美容院营销上存在高度的同质化，无论是产品、模式、服务还是治理，基本上都大同小异，所以美容院老板要根绝自己的实际情况制订属于自己的营销策略。

促进美容院的品牌化营销

目前城市里的美容院到处都是，有的甚至是相邻而立、相对而开，这无疑加大了美容消费者的选择余地，但同时也使美容消费者做出购买决策更为困难。品牌是减少美容消费者购买风险的法宝。美容院服务在购买前无法检验，但经过多次或无数实际经历和享用过的美容消费者用货币“投票”方式筛选出来的优秀美容服务品牌，本质上是一种信用，是对消费者的承诺，对消费者来说，购买好的美容服务品牌产品，就意味着放心和舒心，购买遗憾的风险可大大减少。

美容院一旦树立了自己的服务品牌，尤其成了名牌。那么，无论对保持老顾客，还是争取新顾客或发展社会关系都十分有利。其一，品牌尤其是名牌，可以不断提醒顾客对美容院的忠诚；其二，品牌有助于老顾客进行口碑宣传，从而有利于发展新的顾客；其三，品牌可以传播美容院形象，从而有利于美容院与供应商、金融市场、人才市场以及社区各方面的关系。优秀的服务品牌会产生亲和力，使顾客一闻其名就联想到其提供的温馨暖人的优质服务，并对美容院产生长期的信任。因此，品牌是美容院与顾客关系的粘合剂。

随着美容业的迅速发展，美容院如雨后春笋般崛起，然而，令业内人士困惑的是大多数美容院寿命极短，有的刚开业不久，只好关门大吉。即使独领风骚，也是一二年或三五年，尽管他们尽心尽力去做了，但却保不住市场的位置。是什么原因呢？其中有一个重要的原因是美容院在品牌营销、管理等方面做得不够或不当。

目前，我国美容院经营者品牌意识相当淡薄，主要表现为：缺乏品牌经营观念和缺乏整体形象塑造的概念。

许多美容院命名缺乏新意，缺乏艺术性，如“姓氏或名字加美容院”命名的美容院司空见惯，这不利于消费者记忆和识别；设计没有特色。不仅名称无特色，而且店面设计，室内装修也毫无特色。这样，不利于品牌地传播。再次，许多经营者还停留在产品概念上，对美容院宣传和促销缺乏持久性和统一性。

一些美容院经营者认为“名牌就是品牌”。其症结在于将品牌知名度狭义地理解为品牌的全部。在这种错误思想地指导下，他们认为只要搞好广告宣传或公关宣传或造势炒作就可以成为强势名牌。于是一时的广告轰炸、媒体炒作成了他们品牌经营的内容。其实，他们忽视了品牌认同的根本是品牌具有良好的美誉度，没有美誉度作为基石来支撑，一时的名气即使最大也只能是品牌泡沫，这样的品牌是没有生命力的。

成就美容院品牌，最根本的一点就在于要有忠实的顾客群。人性化营销的最大效果不是提高品牌的知名度，而是提高了消费者对品牌的忠诚度。

品牌忠诚度应包括两方面的内容：行为忠诚度和情感忠诚度。行为忠诚度是指消费者在实际行动上能够持续购买某一品牌的产品，这种行为的产生可能源于消费者对这种品牌内在的好感，也可能是由于购买冲动、促销活动、消费惯性、转换成本或者市场覆盖率高于竞争品牌等其他与情感无关的因素促成的。情感忠诚度是指某一品牌的个性与消费者的生活方式、价值观念相吻合，消费者对该品牌已产生了感情，甚至引以为豪，并将此作为自己的朋友和精神寄托，进而表现出持续购买的欲望和行为。

商家打折大拍卖是常有的事，人们决不会大惊小怪。但有人能从中创意出“打一折”的营销策略。实在是高明的枯木抽新芽的创意。

日本东京有个经销美容产品的企业。这里就是首创“打一折”销售的商店，曾经轰动了东京。

具体的操作是这样的：先定出打折销售的时间，第一天打 9 折，第二天打 8 折，第三天、第四天打 7 折，第五天、第六天打 6 折，第七天、第八天打 5 折，第九天、第十天打 4 折，第十一天、第十二天打 3 折，第十三天、第十四天打 2 折，最后两天打 1 折。

商家的预测是：由于让人吃惊的销售策略，所以，前期的舆论宣传效果会很好。抱着猎奇的心态，顾客们将蜂拥而至。当然，顾客可以在这打折销售期间随意选定购物的日子，如果你想要以最便宜的价格购买，那么你在最后的那两天去买就行了，但是，你想买的东西不一定会留到最后那两天。

实际情况是：第一天前来的客人并不多，如果前来也只是看看，一会儿就走了。从第三天就开始一群一群地光临，第五天打 6 折时客人就像洪水般涌来开始抢购，以后就连日客人爆满，当然等不到打 1 折，商品就全部卖光了。

现在人们购买商品时，不再满足于吃饱穿暖等低层次的需求，人们还需要商品能够更多地符合自己的人性化。这就要求生产企业尤其是弱势企业必须迎合现代消费者的心理，多设计开发具有个性化、人性化化的商品，增加商品的文化附加值。

现代市场往往更注重眼球效应，的确，营销的本意也就在于创造卖点，吸引顾客的眼球，从而实现产品的销售。以产品为中心点，围绕之创造产品的品牌增长点，所谓品牌的确立与生动的营销是密不可分的。

美容院小老板赚钱秘笈

一个新产品想成就市场，创造品牌，除了产品质量优良外，还必须读懂市场，采取灵活多变的营销策略。只有灵活运用差异化营销手段，才能开拓市场、挖掘市场，才能取得较大市场份额，才能在强手如林的市场竞争中立于不败之地。

如何应对顾客的推托之词

美容院在对客户进行推销的时候，很多时候都会遭到顾客的拒绝，那么销售员怎样才能化解顾客的拒绝至此呢？这就是要考验美容师的推销之术。下面我们总结了几种顾客最喜欢使用的拒绝理由，看看美容师采取什么办法来应对吧！

如何应对顾客的价格挑剔

美容师遇到顾客对产品价格过于挑剔的时候，应该怎样说服顾客呢？比如，顾客经常说的话就是：“你家的东西太贵了。”美容师总不能说：“嫌贵你走人呀！”

产品到底贵在哪里，美容师有没有一种合理的解释，是很值得研究的问题。说不好，顾客一定不会购买产品；说得人情人理，顾客也许会产生购买的念头。遇到这种情况，美容师不妨采用一下比较分析法。

例如，美容师可以婉转地告诉顾客：“张姐，这一套美容产品看起来确实很贵。其实我一开始也和你是一样的想法，也觉得它很贵。不过，咱俩仔细分析一下，算一笔细账，其实每天只需要 4 块多钱就可以让您的肌肤享受一次全面的护理，这样您还会觉得很贵吗？”

如何应对顾客“我再看看”

如果顾客听完美容师一番话以后，说出类似“我再看看、我考虑考虑吧”这样的话，美容师一定要给顾客好好考虑的时间，万万不可对顾客进行强行销售：“快买吧，还考虑什么呀，这就是最适合您的产品。”这种强行销售的做法只会增加顾客的抗拒心理和对美容院的反感，说不好有的顾客以后连你家的门也不进了呢！这就得不偿失了。当顾客想用考虑一下的说法来离开的时候，更不要和顾客争执起来，有些顾客确实很矛盾或没带钱。

要永远记住感情对销售的作用力是巨大的，第一次推荐产品给顾客，不可能都能够取得成功，有些失败也是很正常的，只要顾客觉得美容师说的话是真诚的，就会有机会。

但是，当美容师与顾客沟通到接近成交点的关键时候，美容师的思维一定要敏捷，否则机会就会稍纵即逝。如果顾客提出“考虑一下”，美容师可以告诉说：“没关系，换做我也会认真考虑的，我能理解。我就喜欢和您这种慎重的人打交道，我想问一下您主要考虑的是哪方面的问题？是觉得我们的产品太贵？担心我们的产品没有效果？还是怕服务跟不上……”通常，在顾客需要考虑的时候，美容师要把回答问题这个“球”踢回给顾客，然后在顾客对问题的回答中解决掉“考虑一下”这个问题。

如果顾客对美容师的大部分问题都按预想的结果去回答，但最终还是不想掏腰包，美容师就可以说这样一句话：“是不是因为我说错了什么做错了什么？”一副可怜兮兮的表情会令顾客觉得很难受。但这却是美容师征服顾客的最有力的也是最后的杀手锏。顾客看到你期待的眼神，她就会情不自禁地为你的委屈辩解：“没有，没有，你别这样说，你真的没做错什么。”记住，当顾客说话的时候，美容师的眼神要特别专注，立刻做出判断。这就又是一个成交点。

如何应对“我手头的钱不够”

确实有这样的顾客，相中了某一种产品，带的现金也确实不够。怎么办？

美容院的产品也不止这一种，美容师可以转而向顾客推荐一些适合其心理价位的产品。美容师如果心里只想着自己的销售业绩而使劲地游说顾客，完全不去考虑顾客的实际支付水平，顾客是很反感的。

美容师只有真正站在顾客的立场上，切实维护顾客的利益，让顾客感受到美容师是发自内心为她解决问题，顾客是会买美容师的账的。

还有一种情况就是，顾客不是钱不够，而是希望便宜点儿。这个时候，美容师不妨直言告之成为优惠顾客的一些好处，刺激顾客长期来美容院进行消费。

别家的产品更便宜

当顾客这么说的时候，美容师不要条件反射似的脱口而出：“不可能。”这样会给别人一种不真诚的感觉。我们可以试着问顾客她所说的别的地方是哪里。如果是同种产品，确实有不同价格出现，可以这样解释：“这种产品是做全国连锁的，我们作为加盟商无法擅自作主制定产品价格。当然，对那些擅自更改产品价格的美容院来说，总公司会对他们采取相应的惩罚措施。所以希望您体谅一下我们做生意的苦楚。”

如果是同种类别的不同公司的产品出现价格异议，我们可以这样说：“您说的这个情况确实是事实。但是我们在消费产品的时候除了考虑产品的价格因素外，更多的还应考虑产品的品质以及它的售后服务，不是吗？”顾客肯定会回答是的，这时候美容师可以继续引导顾客：“我们的产品既可以保证品质，同时又能为你提供最完善的售后服务。您愿意这样的产品吗？其实，有时候我们只要多投资一点点，就能买到品质又好，又能让自己放心的产品，这样的机会怎么能够错过呢。而且我相信，我们的售后服务一定会让您感到满意的。”面对这样的推荐，很少有顾客能够再坚持拒绝的。

美容院小老板赚钱秘笈

顾客经常对美容师的推销作出拒绝的表示，诸如：没时间、下次再说、没带钱、我懂产品，我考虑考虑。为什么会出现这些拒绝？销售之所以被拒绝，第一是因为美容师提的问题不是客户的需要，所以极易遭到客户的拒绝。大部分的拒绝首先是由于美容师直接销售带来的副作用。第二由于顾客说出了自己的需要，美容师听不见，或听而不闻，一味表白自己的想法，也容易让客户反感。

美容院的促销方案

促销是一种美容院的经营方式，每一个美容院的经营者对做促销活动可能并不陌生，现在美容院都是“你打折，我促销，他送礼品，我送卡”，使用的促销方式大同小异，这种促销把我们自己陷入了一个怪圈，好像是你不打折顾客就不消费，效果并不是很理想。

促销手段形形色色，但万变不离其宗，都应该遵循客户第一，服务至上的原则。做促销最重要的还是必须有自己独特的理念，再加上专业的知识，这样才能打动说服顾客。然后，针对各个顾客情况，分别为她们选择最适合的产品，量身打造最佳美容方案。

主推办美容卡促销

随着人们生活水平的飞速提高，对美的要求日益增长，美容院也就理所当然成为美丽的焦点。美容院犹如雨后春笋般破土而出，尤其是专业的女性美容院已遍及城市的大街小巷，市场竞争进入了白热化阶段。为了抢夺终端客源，各美容院使出了浑身解数。有些美容院是天天、月月都在做促销活动。我们不赞同这种做法，一年之中最好只在店庆的时候做一次大型的促销。

对于促销方式，应该以办理美容卡为主，办卡促销是美容院基本的促销手段，也成为美容院主要的促销方式之一，开卡的形式多种多样，如月卡、年卡、积分卡、贵宾卡等。只有办卡才能留得住顾客，办卡就相当于把钱寄存在我们这里，顾客总会想着到美容院来。在促销过程中，代理商会要协助美容院制定相关的策划方案，提供项目，给予一定的支持。比如在赠送方面，代理商那会提供一部分的产品。

美容院要想真正赢得顾客，最终还是要依靠效果和服务质量。不要把顾客当作上帝，要当朋友，对待顾客像对待朋友一样，你肯定不会坑害你的朋友，你肯定会把好的东西告诉你的朋友。美容院的产品、服务和效果是吸引顾客的关键所在。如果你的产品没有效果、不适合顾客，你的服务不到位，客户就不会选择你。爱美的人不吝啬花钱，价钱只是当作参考，最主要的还是要物有所值。

抓住节日促销的机会

在节日期间，顾客的消费欲望是强烈的，美容院不要错过机会。

在中国，节日假真够多的，除了本身国内的，还加上流行国外的，(情人节，圣诞节等)那就更多了。而每逢节日假，也是女人们有空休闲逛街，去美容院享受的最好时间。

各大美容院为在这些节日假或者店周年庆赚更多的钱，纷纷打出节日假的促销活动与方案来迎合女人们的心意。

例如：三八妇女节对于美容院来说是一个重要的促销节日，大大小小的美容院都会在这一期间推出各种各样的促销活动，一是为了提高销量，再一个也是为了加强美容院对外的形象。三八妇女节是女性节日，女性在社会的角色有很多种，母亲、妻子、儿媳等，借助节日文化特点，近一步向消费者渲染要对女人好一点这一促销主题，利用情感共鸣来完成促销。

做好体验促销给顾客最真实的感受

从几年前开始搞促销活动，现在在美容市场上流行上百种促销方法，顾客几乎都不太相信了。面对美容院的促销，一些顾客的第一反应就是“肯定想套住我多花钱”而极力反对。用一些实际的东西打动顾客，而不是像别的美容院一样一味地去推一些产品，因为顾客对美容产品大多数的效果表示怀疑，只有让她们亲身体验，真切感受这些产品为皮肤带来的改变，才能吸引她们。

美容院的促销可以有效的刺激顾客，免费体验试用是美容院促销中最常见的方式之一，一些美容院打着免费体验试用的口号欺骗顾客，受骗后顾客就会保持极高的警惕，对我们不再信任。我个人认为体验促销具有很强的生命力，做体验促销活动可以不时提升品牌效果，使产品功能的体验感受更全面、更真实。只要我们美容院能够以真实、坦诚的心态面对顾客，用专业的知识和技术服务于顾客，就可以重新赢得她们的信任和友谊。

利用开展高品位活动促销

美容院可以在适当时机开展一些有意义的活动，如：专家促销、互动联谊促销、名人促销、旅游促销等。这样做的好处就是可以利用这些活动展示自已的形象，巩固美容院在顾客心中的地位。有些美容院还在活动中选出“最佳服装奖”“最具气质奖”等不同的奖项，不但吸引了顾客，也让顾客在美容院中提高了自身的价值。

这类活动方法一般适合规模较大的大中型美容院或美容会所等。

举办有奖促销

有奖促销，就是指在顾客购买了某些价位的产品或接受了某种服务项目后，美容院附带奖励或赠送某物品（或其他使顾客享受到店铺回报的方式）的一种激励顾客消费的促销手段。

2007 年 4 月吉林长春一家大型美容院举办了大型抽奖活动，规定凡在半年内到该美容、店进行消费达一定额度的顾客均有机会参加现场抽奖活动，奖品有十余种，其中最具吸引力的大奖是一台价值 5000 元的品牌电脑。一时间该美容院门庭若市，热闹非凡，尤其是喜爱电脑的男性顾客还鼓动劝说家人一起去参加消费。到活动结束时，美容院大赚了一笔。

如果有奖促销与优惠券、打折扣等其他方法联合使用，效果将会更好。美容院在此期间应加强咨询与服务工作，在帮助扩大销售的同时，逐步使新顾客转变为固定顾客。

采取有奖促销这种方法，各种美容院都适用。美容院可赠给顾客一些小礼品，如洗发水、丝巾、雨伞、小工艺品等；还可进行摸奖促销，如设定某一时段的摸奖活动，可根据顾客每次消费的金额，通过摸奖的形式来激励消费，效果也不错。

美容院小老板赚钱秘笈

选择一个合适的促销方式至关重要。在节假日期间，大多美容院都会进行促销，每个店有每个店的促销方式，并不一定是有噱头、能引起轰动效应的促销就是好的。

美容师的产品促销技巧

目前，大多数老板最关心的一个问题，就是如何提高自己的产品销售业绩。

美容院可以通过促销充分发挥自身的长处，令顾客在美容院的优势引导下，而忽略了短处，而走进美容院来消费。特别是对手没有做好相应的促销宣传时，他的优势也就构不成威胁。

选择正确的促销方式

最近许多整形机构实行了免费人造美女做形象代言人促销方案，引起了社会很大的轰动。整形机构的这种促销方式不仅吸引了媒体关注的目光，而且也获得了良好的经济效益。在促销期间，这些整形机构的营业额增长率高达500%以上。因此一种好的促销方式不仅能提升营业额，更能提升知名度，从而节省一大笔宣传费用。

美容院的促销方式大致有三类，一是价格折扣与折让，这种方式通常在体现在会员制美容院上，不少美容院通过积分制来实行价格折让；二是赠送护理和礼品，这种赠送往往和节假日促销联系在一起的，比如圣诞节期间，不少美容院就会赠送一些圣诞小礼品；三是主题促销，一些高档的美容院就会举行一些沙龙，开一些美容课程等，这种促销一般来说较适合规模较大的美容院。

选择一个合适的促销方式至关重要。在节假日期间，大多美容院都会进行促销，每个店有每个店的促销方式，并不一定是有噱头、能引起轰动效应的促销就是好的。有一家美容院为了在元旦期间推销其祛斑产品，在社会上公开选拔雀斑美女进行改造，后来由于其祛斑产品有反弹现象，后来导致了美容院销售额的直线下降。因此，对大多数的美容院而言，好的促销方式并不是要哗众取宠，而是要有针对性。

根据自身的条件和实力制定出切实可行的促销，这也是美容院进行节假日促销所应考虑的重点问题。例如，有些美容院刚刚开张，就要实行大规模的假日促销，如果这家美容院面对的是平民消费，这种方式是可行的；如果你的定位是高档定位，那么这种促销并不见得有很好的效果，反而会影响今后的经营。

让个人魅力成为产品附加值

美容师不具备专业的技术水平，顾客就会不信任美容师。美容师的个人魅力，必须是建立在高技术水平的基础之上的。高超的技术也是美容师推销产品的基础。如果美容师的个人魅力能够焕发出夺目光彩的话，对推销产品无异于锦上添花了。

美容师在不断提高自己的业务水平的同时，注重个人魅力的提高和升华，就会有越来越多的顾客被美容师所吸引。饱满的精神、乐观的态度、得体的衣着、良好的习惯、风趣的谈吐、诚信的交易等，都是美容师个人魅力的要素所在。而这些要素会在不同程度上变成产品的附加值。

不同时期的销售技巧

现代人越来越重视自己的容颜和形象，美容院采取不同的销售技巧，会收到意想不到的好效果。

每逢消费旺季及节假日，美容院适时举办促销特价、赠品等活动，触动顾客购买欲，还有一传十、十传百的广告效应，很值得试试。

对消费额达到一定数月的顾客可给予优厚的奖品，例如，某地“三日游、五日游”等，也是促销的好手段。

为新顾客完成服务后，在顾客满心欢喜时，可准备好适合的专业性产品不失时机地进行推介，顾客一般也不会拒绝。

在老顾客的一些特殊日子，打个温情的电话，送一束美丽的鲜花，顾客会在感动之余，坚定的站在美容院一边，其他店家九头牛也拉不走。

让平时摆放产品的地方尽可能地引起顾客的注意，也是提高专业美容品吸引力的很有效的办法。美容院可以在产品陈列上巧做文章，如附上“××产品让美丽永远陪伴着你”“××产品让你的肌肤如同青春美少女一般”等的醒目标语，具有亲和力的宣传，往往会打动顾客的。

类似的销售技巧实在多得很，就看美容师自己想不想、做不做了。

进行有效的促销组合

促销的目的是为了提升营业额，因此对于美容院而言，只要是能促进营业额的手段就是好的促销手段。因此，好的节日促销并不局限某一种形式，而是通过组合促销方式来进行。一些美容院通常在进行折扣促销的同时，而且有礼品赠送，并且举行相关主题活动。

节假日的赠送促销，要根据美容院的实际情况，确定合适的赠送礼品和服务。美容院大多采用的是消费一个美容项目，赠送不同的美容服务。消费者选择美容院项目是具有针对性的，因此赠送的美容项目也应该有所针对性，否则，促销就会失去意义。为了使促销更具吸引力，精明的美容院在赠送美容服务项目的同时，往往会配送一些精巧的小礼品，如在圣诞期间，赠送圣诞礼物，春节期间给消费者红包等。这样的促销才更具有吸引力。

如何把高价美容用品销售出去

高价产品更容易获得高利润，是人尽皆知的。对美容院来说，店铺的美容品也都有高、中、低档之分，价位的悬殊也是非常明显的。美容师又该采取什么方法把那些质高价也高的产品推销出去呢?

所谓高价产品一般都是质量上乘的产品，它常常都有知名度较高、品牌较久的特点。顾客对高价产品的质量一般也是很认可的。这就要靠美容师正确引导顾客的消费观念了。

需要让顾客清楚的一点就是，高价不是一种简单的消费，而是长远的投资。也可以帮助顾客算算细账：使用高价产品的周期和效果与低价产品的周期和效果反复比较，答案是很明显的。美容师还可以从名牌意识上寻求突破口：这种产品具有多年的品牌实力不说，其产品技术仍在不断进步，始终在同行中处于领先地位，它的口碑、信誉都是一流的，是其他产品无法比的。

当然，别忘了向顾客证明，美容院的服务是最佳的，该高价产品有良好的质量保证及售后服务保证。

美容院小老板赚钱秘笈

一次好的促销活动能为美容院建立起良好的形象。不仅让周边的目标顾客产生好感，认为值得信赖。还会影响到较远的地区，从而树立起良好的品牌形象。

不可走入营销的误区

美容院因为缺乏经营目标和管理发展战略，已使自己陷入一种盲目追风的误区。这种盲目既代表了美容院管理者的素质参差不齐，也代表了美容院在广告方面缺乏有效的指导。

现在，让我们来看一下美容顾问的促销行为，她们经常对客户照公司的优惠政策大力推广。在推广中，让客户因为有便宜可图而买单和让客户对服务和效果信任而买单，这其中有很大的区别。一是反应美容顾问的水准和美容院的作风，二是可以看出美容机构的内部管理水平。

在美容院现场销售，最为常见的对话如下：

美容顾问："你好，欢迎光临，小姐，您的皮肤真不错。"

顾客："是吗？"

美容顾问："小姐，我们最近推出了免费试做的新产品。加上眼部护理一次才 48 元，您要不要试一试？"

顾客："不，你先忙，我只是随便看看。"

美容顾问："您可以试一次嘛，效果很多人都说好""既然不贵，试一次也不妨，那什么是免费的？""做面部护理是免费的。眼部护理在秋季很重要。现在优惠推广仅仅48元"

接着，美容顾问给客人演示产品实物。客人顺利的试做了。这笔生意业务额是48元。除去公司的成本，美容顾问和美容师的提成怎么也高不到那里去。

其实这就美容行业推销的一个误区，用户价格代替销售，在顾客的需求还没有摸清的情况下就直接用价格、折扣来促进销售，这种营销方式获取会给你带来效益，但是那也是短期、低效的。

其实，在美容院的营销中，存在做好着更多类似的推销误区，下面我们为大家展示几种常见的销售误区，希望能够帮助众多美容师避免并走出这样的误区。

美容师项目定位不明确

一些美容师为了抓住客户，往往突出自己业务的广泛性，反而忽略了专业性的要求。既讲自己是治斑专家，又讲自己是减肥高手，同时不忘自己还能纹唇、纹眉。最后，告诉客人，自己还能作形象设计。这既是在经营特色上，也是在营销卖点上缺乏准确定位。当选择变得越来越多的时候，我们要树立一种专业优势，并不断宣传这种优势，才会在美容客户心中占据一个重要的位置。

如果你的美容院存在这样的误区，那么你就要找出长年跟随自己的忠诚顾客，为她们建立档案、专门管理、定期回访。通过她们的消费水平，找出我们美容院的定位，是高档客户还是中档消费，是治疗取胜还是会员服务？

因为不同的对象有不同的要求，我们不可能同时满足所有人的要求，只能满足跟随我们最主要的客户群。然后，通过她们所做的项目，找出我们的经营特点。然后，广为宣扬这种特点，在此基础上，为每一位客户提供最贴心的服务，留住老客户，比扩展新客户要省钱，也省力。与其打不见效的广告，不如通过给老客户优惠发展新客户。

广告诉求不明

这种定位不明的错误反应在广告上，就是只知道自己开美容院，却不知道客人为什么选自己？一打广告，就直接用仪器或产品的名字作为自己的卖点，却闭口不提客户为什么要来店里做美容？客户对产品了解多少？对它的效果认可吗？

比如，目前最常见的是“光子嫩肤，科技领先”就十分常见。广告出去后，高兴的是厂家，他们的机器有人宣传，不愁卖不掉，还有一个问题，是美容院都打光子嫩肤，客户只选那个最便宜的。结果，不打广告，没人知道，一打广告，电话倒是打进来了，都是同行，问从哪里进的货？多少钱？于是，在广告中，只见到各种美容院的价格大比拼，同行互相比广告、比版面。

美容师缺乏专业性、权威性

美容院的从业者们，高中毕业的居多，老板又大多是白手起家，爱护员工，表现在销售上，一味低价拉拢。只是像在家里一样的随意态度，难以树立专业权威，家常语言也不是专业用语，更不会涉及效果和客户内心的渴求。不看外面顾客的需要和变化，只一味亲和有余，却也暴露出专业度不足的先天劣势。亲情服务的优势是可以保持一部分老客户的忠诚度，但在新客户的扩张上则显得后劲不足。重视亲情的特点，又决定了感情定价，不可能有高价位，只能越来越低，反而影响发展。一旦当地有才能和决断的投资者进入这个领域，靠专业和优秀的管理会立即掌握当地最优质的高端客户群。那么，危险就是利润越来越薄，客户越来越少。

据《美容时尚报》2002年美容院消费者调查提供的数据。76%的人希望美容院提升技术，67%的人希望美容院提升服务水平，68%的人希望美容院提高于员工素质。可见指靠亲情维系的客户还是低水平的服务，只有加上专业的美容专家的亲切服务，才能对客户有充分的吸引力。所以，美容师要树立专业形象，用专业语言和专业训练，提高员工素质，提升美容业的服务水平。

专业形象和专业素质不是一日之功，也不可以凭空杜撰，得经过千锤百炼才能使我们成为业内专家，出了专业技术外，还得具备深厚的积累，才能成为客户信赖的专业人士。如果现有人员底子薄，赶紧加大引进高素质人才的步伐，否则，美容业的大浪淘沙也是不可抗拒的市场规律。

所以，针对以上美容行业由于定位不明引发的一系列问题，我认为，美容行业已进入行业整合期，这种时间段不会超过三年。美容业将出现明显的特征分割，后进入的高素质经营者利用管理优势取而代之决不是空话。我们现阶段要做的是舍掉不必要的忧虑，引进人才抓住客户，抓准产品，作大影响，找准位置，千万不要犯鱼和熊掌兼得的错误。

美容院小老板赚钱秘笈

对于一个专业的美容顾问来说。首先，要了解客户需要什么，没有一个女人不想做美容却散步到了美容院。所以，美容院要做到专业，不要因为意味地追求销售额而走入营销的误区。

推销时要注意的禁忌

美容师每天面对消费者，进行销售产品或推广项目卡，经常会被这样或那样的理由拒绝。经过一段时间销售不理想时，总结了向顾客推销产品不接受我们，甚至于很失败经历，惊讶地发现些美容师在推销过程中不经意流露出的情绪、不当的语言表达或推荐时机选择不佳，都会导致销售毁于一旦。

切忌别被客户牵着走

销售是一种互动的过程，你应该控制这一过程，而不是让客户来主导。控制销售过程的最好方式是提问题，这也是了解你的产品和服务是否满足了对方需求的最佳方式。如果你能提出高质量的问题，就有可能发现产品的缺陷，帮助公司把产品完善，自己也会慢慢成为“专家”。

不要以貌取人

切记以貌取人，要知道，衣着简朴的人可能会花大钱买进口高端产品；而衣着讲究而华丽的人也有可能去买些折价产品。因此，不能凭主观感觉去对待顾客，要学会尊重顾客的意愿的同时又要引导顾客消费。别忘了，一个不满意的顾客会将自己的不满意传达给其他 11 个人，而他们每个人又会将这种不满分别传达给另外 5 个人。于是，就有了 67（1+11+55）个人在说你的坏话。

千万不可滔滔不绝

有时候美容师在销售过程中，一味滔滔不绝地表述自己的观点，说自己店的产品多么好而去指某产品的不足，反而可能就会引起争论，或者马上使顾客忘掉你所说的话。请记住，现在的顾客为什么比较沉默？

先发制人，不等客人开口，已让客人感到无话可说，什么都替客户说完了却问客户，我表现得怎么样，客户口中不会说却会心里抵触。如果因为某种原因，客户留下了，会丧失了深入挖掘可能的销售机会，因为客户避免再谈顾问感兴趣的问题。

不可直接批评顾客

在与顾客交谈时，千万不可直接批评顾客的品位、喜好等一切。否则，很容易令顾客大为反感，使销售终止。

例：顾客：我以前用的是 XX 品牌的化妆品。

美容师：XX 品牌当然比不上我们的化妆品好了。（错误的回答）

美容师：XX 品牌还是挺有知名度的，但是 XX 的化妆品无论是从品质、价格、效果都是有一定口碑的。（正确的回答）

忌态度冷淡

与顾客交往时，招呼用语要专业、职业、合适；态度要热情诚恳，不急不躁，落落大方；在介绍商品时，要见机行事，当好“参谋”。一些业务员对招呼语的重要性缺乏正确或足够的认识，他们不屑与人打招呼，甚至还把主动与顾客打招呼看成是一种低三下四的表现；他们不情愿与顾客打招呼，在与顾客打招呼时显得冷淡、生硬，这是不专业，缺乏职业素养的表现。

切忌与顾客争论

在推荐介绍产品或项目时，若顾客有不同意见，应耐心倾听，决不可反驳顾客，与顾客产生争论。如纠正顾客看法，应面点笑容采用（YES-BUT）式，言语柔和地陈述自己的观点，切忌顶撞顾客。

例：顾客："我从来不用眼霜，就用面霜代替就行了。"

美容师："您怎么可以用面霜来代替眼霜呢？这是护肤的常识，难道你都不清楚吗？那你怎么没把眼霜当面霜来用呢。"（错误的回答）

美容师："其实眼部的皮肤和面部的皮肤结构是不同的，所以眼霜和面霜所含的成分有一定的差异存在。因此，我们一定要把两种不同的产品分开来使用。"（正确的答案）

客户提问时先反驳，再找理由，比如客户说服务太差了，为什么你们自己都不清楚搞促销的规定呢？"可是，我们今天才开始，还未来得及通知，您认为哪里差？"表现抵触而不道歉。

不要居高临下

因为站着接待，仿佛居高临下，用眼神上下打量，评估客人是否有消费能力，立刻显出市井气从而削弱专业性。

除此之外，美容师还要注意一些细节的东西，这些小细节也是你销售失败的原因。

推荐产品时如获得顾客认同，或老客户来接受服务，就省略产品和项目介绍，更为严重的是美容师还省略操作环节介绍。

站着推销遇到客户没什么反应时，再用倒水或让座试图挽回印象，但通常已经来不及。不如一见面即让座，先问候再倒水，然后再询问客户要求，这样更为合理。

遇到客户沉默就不知如何是好，一味推荐新优惠，反倒令客户难以取舍。

把握客户的沉默时机，给客户决定的时间，然后适当促成，不要害怕沉默。

美容院小老板赚钱秘笈

美容师不仅仅是销售员，更是带给人们美丽的天使，所以，有一些事情是千万不能做的。如果你做了不应该做的事情，那么好业绩就会离你远去。

第六章 顾客就是上帝

“顾客就是上帝”，这是服务行业经常提起的一句箴言。美容院想要赢得顾客，就要为顾客提供最优质的服务，尽力做到让顾客满意。

怎样吸引新客户上门

顾客是美容院的服务对象，更是美容院的衣食父母。那么，作为美容院怎样才能不断吸引新顾客，甚至去争取竞争对手的顾客呢？

知己知彼

了解自已推广的产品和服务。作为美容师首先要了解自已的产品和服务，相信自已推广的产品和服务的价值。美容师在介绍产品和服务之前，必须亲身体验一下产品。学会欣赏产品，将产品和服务的优点与同类竞争产品和服务作以客观比较，认识到自身的优点，对新产品和新项目的价值有一个全面的了解。美容师不要给顾客这种印象：你连自已推广的产品自已都不清楚，顾客又怎么放心享受这种产品和服务呢？有的美容师由于对自已的产品和服务项目不了解，介绍和讲解时缺乏信心，连赢得顾客信任的机会都没有，还谈什么争取顾客？

了解自已所在的美容院。美容师还应该充分了解自已所在的美容院。如果对美容院的制度、人员配备等没有足够的了解，美容师能正常的进行服务活动吗？再者，美容院的形象和信誉是一个很好的招牌，名气响亮或服务水平很高的美容院，会增加顾客对美容师的信任度，增强美容师的信心，有利于美容师留留住顾客，吸引、争取竞争对手的顾客。

美容师还应了解竞争对手的产品和服务。如果美容师对竞争对手的营业状况及弱点有很好的了解，在争取对方顾客时，就会得心应手，比较容易抓住销售机会；反之，不但争取不到竞争对手的顾客，还会让她们对自已的产品和服务产生怀疑，影响美容院的形象。

掌握对手情况主要是对手跟踪服务和发展速度怎样，产品、服务的真正价格是多少，对手在服务中的弱点等。有心计的美容师也会从竞争对手招聘美容师的广告中了解对方美容师流失的程度，然后抓住这个机会拉拢对方的客户。

利用产品吸引顾客

这种方法一般都是专门店的特色，也适应美容院的特点。具体操作是，美容院首先要聘请几个美容顾问，这些顾问在上岗前一定要掌握一定的美容专业知识，皮肤基本知识和化妆品的成分、种类和作用的知识，当然这需要美容院的专业人士对他们进行培训，一般培训期为10天左右。同时也要培训他们对顾客心理分析、语言技巧等知识，以便于他们更好地工作。培训之后他们可以分散在每个地点，向目标顾客进军。

美容顾问在选定目标顾客之后，会主动与顾客聊天、讲美容、分析顾客皮肤情况、介绍美容院情况并真诚地邀请顾客前来美容院听课。当然课程内容是关于美容的，而且要免费对顾客讲授，这样才能吸引顾客。“爱美之心，人皆有之”，听美容顾问这么一讲当然会有人上门。在目标顾客听完课之后，美容师会回答顾客的一些疑问，并深入探索顾客心理，吸引顾客买产品或买美容服务项目，这样目标顾客也就成为了美容院的真正顾客，或许得到热情、周到的服务之后，她(他)会成为美容院的会员。

美容院在任何城市都很多，各家的服务项目又差不多，除了在服务和技术上有差异之外，美容院都要主动赢得顾客。

发放免费美容卡

这种形式是向来往的目标顾客发放美容卡。地点可选在美容院附近，也可以选在女士常光顾的场所，如商场、女士专卖商场等。在美容院附近发放时可以使顾客马上就享受到美容院的美容服务。美容顾问在发放免费美容卡时可以说："我是某美容院的，欢迎您到美容院做一次免费美容。"顾客也许会说："什么免费，骗人的。"美容顾问说："您说的对，有的免费美容是骗人，但我们真心诚意地邀请您。"顾客："那你是不是推销化妆品？"美容顾问："美容院当然有化妆品，但不是推销，我给您免费试用，让您亲身感受，您不要有任何顾虑。"顾客："你这么说，我去看看。"而且让顾客自己拟定时间，只要携带免费美容卡就可以享受一次免费美容。

免费美容，也许有人不解，这样做是不是太傻。其实不然，这也是一种吸引目标顾客的手段。当目标顾客进入美容院后，美容师可为其做皮肤护理。顾客会从中体验到美容师的技术如何、产品怎么样、美容院的环境是否舒适等。凡是能进去做免费美容的人，一般都对美容非常感兴趣，而且有美容的打算。在其享受美容之后，如果效果不错，就会对美容师和美容院有所垂青，那么很可能会再次光临，成为真正的顾客。

顾客能主动光临美容院，当然看中的不仅是该家美容院的环境、设备，而且更重要的是该家美容院的服务质量。因此，对于美容院来说一定要有一整套标准、优质的服务体系。

（1）顾客走进美容院第一印象就是美容院的环境、气氛。所以美容院的氛围应温馨、典雅，摆设具独特韵味；人员的着装统一、干净、整洁，使顾客一进门就对美容院产生好感。

（2）顾客进门后，美容顾问要主动迎上去，热情、亲切地招待，并将其让到会客室。美容顾问一定要举止大方，彬彬有礼，给顾客品格素质较高的感觉。

（3）美容顾问在与顾客交谈时一定要采取询问的方式，要洞察、分析顾客的心理，以从中获得更多的信息。给顾客分析皮肤情况，帮助顾客选择比较适合的美容服务项目。还要给顾客做好登记，记录顾客的基本情况。

（4）美容顾问带领顾客进行皮肤测试时，要帮助顾客分析皮肤情况，与顾客积极探讨一些关于保养皮肤的问题，并根据顾客的基本情况和存在的问题为顾客介绍美容产品和所应选择的美容服务项目。为顾客提供一些皮肤保养建议，让顾客进一步对美容充满信心。

（5）顾客已明确表示愿意接受美容服务项目时，美容顾问要将其带进美容室，这时美容师要主动、热情地为顾客服务。美容顾问要配合美容师做好准备工作，安排好顾客随身携带的物品，让顾客放心地享受美容时光。

（6）当顾客躺在美容床上时，美容师要主动询问顾客，是否适应，有没有不舒服的地方。一切仪器和用品都要干净、清爽。

（7）美容师为顾客服务的过程中，要与顾客亲切交流，给顾客讲述每一道护理程序的过程，并要留心顾客的反应，总之要使顾客有亲热的感觉。

（8）服务结束之后，美容师要主动出示给顾客镜子，让顾客感受美容效果，并要真心对顾客进行赞美。

（9）美容顾问将顾客让进休息室，并为顾客端上一杯清茶，给顾客宾至如归的感觉。与顾客亲热交谈，解答顾客提出的美容疑问，给顾客介绍产品和美容院的经营服务项目，与顾客进一步交流。

（10）顾客离开美容院时，美容顾问要主动将其送出门外，并真诚地欢迎顾客再次光临。

（11）顾客走后，美容院要将顾客资料存档，并做好跟进服务。

美容院小老板赚钱秘笈

我们应该从美容师的专业性，产品技术的有效性、良好的服务态度，幽雅温馨的环境方面入手，这必将会让更多的顾客前来美容院开卡消费，而老顾客也更乐意介绍朋友前来开卡消费，从而形成一个良性循环。

美容院吸引顾客的绝招

在行业竞争日益激烈的今天，消费者的口味被吊得越来越高。因此，现在的美容院要想为顾客提供完善周到的服务，不但需要过硬功夫的专业技术，还必须配合热情而富有特色的服务以满足顾客的需求，让顾客感到心情舒畅与心理满足。

以独具特色的营销推广活动拓展客源

现代社会，人们获取资讯的渠道十分广泛，因此“酒好还要卖吆喝”。根据美容院的实际情况，开展具有本店特色的营销推广活动，赢得顾客良好的口碑，是现代美容院拓展客源的一个必要途径。

某家美容院进行的顾客调查结果表明：这家美容院虽然投入了资金在电视、报纸上做宣传，但是从调查结果来看，美容院的大部分顾客都是经过熟人或家庭成员介绍才知道这家美容院的。所以，从中可以看出，虽然人们一般认为电视、报纸广告宣传力量非常大，但是对于美容院的宣传却不尽然。

因此，对于美容院而言，拓展客源最根本、最重要的方法应该是通过店内日常丰富多彩、独具特色的营销推广活动，向顾客宣传美容新技术、新产品，提供专业顾客留下良好的印象，来加强口碑的宣传效果。

经营受顾客欢迎和喜爱的美容院

同时，在广告宣传上，美容院要向美容顾客充分传递和灌输这样一种观点：“上美容院做皮肤保养与护理，不是因为脸上出现了皱纹、色斑或者是长了痘痘，必须进行治疗护理才采取的行动，而是因为美容院能让每一位来店的消费者充分享受和体验美容的无限乐趣。

而美容院的经营则主要依赖于专业的美容技术、热情的待客服务和鲜明的店面形象这 3 个因素，若缺少一个，美容院的经营都不会很理想，而且也不会受到顾客的喜爱。当然，这也是美容院拓展客源的基本方法。

形成顾客群的组织化、团体化

在我国，目前大多数美容院都是以区域内的顾客为主要对象进行经营，所以确保顾客来店的稳定性很重要。为了确保固定客源的长期保持，不妨实行顾客会员制度，以谋求固定的组织化。组织顾客的方法有：一般会员制度、入场券会员制度、友情卡会员制度、美容讲座会员制度等。

虽然不同美容院组织顾客的方法各有不同，但重要的是采用适合自己美容院的组织方式。组织顾客的方法不单单局限于美容院的服务方面，还可以不定期地举办一些女性感兴趣的相关活动，如会员聚会、美容讲座、趣味讨论、服饰研究会、情感、婚恋交流会等。要加强与顾客的情感沟通与交流，在这些方面下功夫是非常重要的。此外，在维护固定客源的同时，还要下功夫开拓新客源。在通常情况下，美容院的固定客源每年必须递增 10% 左右，这是美容院保持生意兴隆的关键。

采用免费体验卡或友情卡拓展客源

美容院拓展客源的另一种有效方法，就是充分利用免费体验卡或友情卡，比经由小道消息进行宣传又前进了一大步，它的主要好处就是美容院可以采取积极、主动的方式拓展新客源。其具体操作方式为：将事先制作好的免费体验卡派发给目标消费群，让顾客通过对美容院服务、技术、产品的体验，加深对美容院的了解和认识，使她们从一次消费的客人逐渐成为忠实消费者。

除了派送免费体验卡，美容院还可根据自己的实际情况，制作友情卡，把友情卡散发给来店做美容的所有顾客，并向顾客承诺，如果她为美容院介绍了5名以上的客人，她就能从美容院得到一定数额的美容疗程奖励或一套价值不菲的名牌护肤保养品。对于使用友情卡的顾客，美容院所提供的服务，很重要的一点是服务的内容要符合美容院的经营状况和不同时期、季节的美容新动向。

充分利用“顾客地图”，制定营销对策

除了地处居民小区的美容院，一般而言，有众多的美容院，其顾客可能来自这个城市的四面八方，所以要清楚地了解并掌握顾客来自哪个地区最多，来自哪个地区最少，它将直接影响到美容院的经营策略。

例如：距离相同的A、B两区域，来自A区域的顾客非常多，而来自B区域的顾客非常少。在这种情况下，就应该认真思考：为什么来自A区域的顾客较多？而来自B区域的顾客较少？来自A区域的顾客较多的原因，可能是A区域位于火车站与美容院之间，或者是A区域的美容宣传做得比较好，或者是经由熟人介绍，或者是美容院价格适合A区域的顾客，或者是A区域的交通方便。来自B区域的顾客较少的原因，主要是B区域周围有竞争的美容院，交通不方便，宣传广告不周密，美容价格不符合该区域的顾客。根据“顾客地图”，可以归纳出以上原因。

在判断这些原因的时候，为了更容易地掌握地图内容，不妨在地图上标示出顾客的地址，并做上记号，这样就会一目了然了。这种方法称为“顾客地图法”。

美容院小老板赚钱秘笈

拓展客源一方面要想办法吸引顾客上门，另一方面则要积极、主动地为顾客提供优质周到的美容服务，这两方面对于美容院拓展客源而言，是相辅相成的，缺一不可。

美容院如何赢得客户

为了建立一个和我们的客户相互关联的关系，我们可以将女性客户的需求内容、需求时间和购买行为结合成一个行之有效的赢得客户的战略。

在这样的销售话术中，如果你是顾客，你会相信美容顾问吗？你会选择这样的美容院吗？

顾问：欢迎光临，请坐。大姐，请喝水。

顾客：谢谢！

顾问：不客气，请问大姐贵姓？

顾客：姓张。

顾问：噢！我是这里的顾问姓李，请问您怎样知道我们的？

顾客：听朋友介绍的。

顾问：您的朋友姓什么？

顾客：姓张，她说这里的减肥效果不错。我也想瘦身

顾问：看来您对自己的要求比较完美，您朋友做的是哪个项目呢？

顾客：不知道。

顾问：那谁给她操作的呢？

顾客：我不知道。我今天刚好没事，顺便来问问。你们减肥有效吗？

顾问：噢！那可能会令您失望，因为你今天做明天才会有效果。

顾客：那您们这里的消费多少钱呀？

顾问：是这样的，咱们现在免费减肥。

顾客：那我们不要掏钱吗？

顾问：噢！是这样的，会员在减肥的疗程期间，所服用的营养品纤维素 880 元，综合维生素 150 元，按摩膏、消脂、溶脂 300 元，按摩啫喱收紧 300 元，疗程点穴按摩一律免费，您看怎么样？

结果可想而知，这位美容顾问并没有起到给顾客解决问题的作用，这些对话是无效的，更无法打赢得顾客的信任。

一是顾问没有事先准备好如何接待顾客，她对顾客的了解仅限于问一下姓什么，在接下来的接待中，有从不使用客户的姓名，缺乏专业礼仪带来的修养魅力。不能吸引客户，没有问客户需要什么，抓不住客户需要，却在谁是客户的朋友上问来问去，既浪费时间又让客户认为不专业。二是自我中心，缺乏分析能力，抓不住客户需求。客户两次提出想减肥，顾问都在顾左右而言他，一问对方的朋友什么项目，二讲当天无效，第二天才有效。哪一句能让客户认可我们的专业程度呢？三是耸人听闻，越发暴露出浅薄销售的弱点。客户探听价格，一句免费，立刻让客户警觉，天下没有免费的午餐。下面的产品介绍不管收费多少，立刻失去了说服力。缺乏诚信的许诺本身就是浅薄的代名词，一旦美容院用在每一分钟的销售过程中，对销售的伤害远比预想的严重。

那么，美容院如何做才能赢得顾客的信任呢？

制定目标

（1）客户数量和客户质量。10 个开 2 万元卡的高端客户胜于 100 个开 68 元月卡的客户。在美容院，许多人不讲究客户质量，只在乎销售额。而且，只在意现金收入，忽略消耗额，从而为经营埋下风险。建议把客户交给专门顾问服务，随时统计客户消费情况，及时跟进服务。

（2）销售额和利润。为了现金回款，不惜牺牲价格政策，打折再打折，有时甚至没有利润也在做（有些美容院从来没有做过成本核算）。销售额快速增长，会员消耗却不动，意味着促销力度太大，利润不一定令人满意。消耗过快，意味着强势推销会伤害顾客的积极性，顾问的客观性会受到客户的质疑，有伤害品牌信誉的风险。

确定客户群

（1）领域、客户群，是高端客户还是问题性皮肤客户？是年轻群体还是中年部落？是繁华区域还是住宅小区？不同的客户有不同的需要，我们可以区别对待并一一满足吗？

（2）区域机会，是否在我所在的区域，我是第一个引领美容潮流的店家？仪器、产品，我是第一个打广告的先行者？如果是，第一批的优质客户 60%被我们吸引，我们的销售额和利润同时都是有保证的。

令客户进门

（1）比较各种宣传方式，在成本和效用上，选择最经济的方式。通常常年的广告能为我们在客户心中留下良好的印象，辅之持续的项目优惠和新品推介，能对客户产生品牌化的吸引力。会员活动也是可以借鉴的展示，对推广品牌非常有用。毕竟，客户除了做美容，还希望有一些女性化的活动来丰富自己的社交生活，美容院拥有这个得天独厚的召集者的资格。

（2）朋友推介，也是一种好的手段，只可惜用得不多，这个比较省钱。但美容院的同行们经常不愿意向朋友们推荐服务，甚至不愿意告诉朋友自己的职业。这可能和行业的整体社会地位有关。但是如果尝试自豪地向朋友介绍我们的工作，效果一定很惊人。

（3）街头派单，本来是很直接的推广方式，却因为推荐人员的低素质很难见效，以至于客户不接单，同行和广告公司却拿回去学习。

做好准备工作

决定了宣传途径后，要准备详细的文件，帮助美容院相关人员了解客户接待的重要性。对客户所能进行的问话进行准备，做出标准问答，以训练员工，才不至于被员工的表现影响了客户服务的质量。特别是在员工培训不足的情况下，尤其要逐人过关，才能保证宣传的有效性。前台的接线人员经常被安排成自家人还兼收银，结果，从未接受过任何电话礼仪培训，经常使广告效果为零。要严加注意。

预备辅助手段（宣传单、客户卡、赠送说明、新产品展示、客户可能问话的应答准备）。

实施宣传管理工作

注意到一种吸引客户的活动或广告何时开始？重点突出什么？执行期间谁又如何控制和监督？

有些美容院打广告或搞活动一定要挣回钱来，否则就不会搞活动和打广告，最常见的是打了免费广告，结果客人上门试做，只给客人做半边脸，另外半边要付费。结果是忘记了是要挣点免费服务的小钱呢，还是想长久留住客人？搞不清宣传目的是使美容院宣传落入陷阱和欺骗误区的根本原因。

美容院小老板赚钱秘笈

作为一个专业美容院的销售顾问，要有丰富的人格和专业知识做底蕴，事先了解顾客的需求，并能以亲切和关心的表达方式与客户建立信任的关系。

如何处理客户的抱怨

一般出现顾客投诉问题主要有以下几个方面的原因：产品品质不佳、美容师操作手法不规范、护理程序不当、顾客皮肤对产品成分吸收的差异以及顾客生活规律失常等。此时只要我们掌握解决投诉的方法也就不难解决。

在处理客户投诉时，美容顾问首先要遵循以下两条：第一条，顾客永远是对的；第二条，如果有任何疑问，请参考第一条。对于任何一个服务性企业来说，这两条规定都可以奉为真理，只是现实中没有几家企业真正做到这一点。

下面介绍解决客户抱怨的方法：

1. 先解决心情，再解决事情。任何人受了委屈，都会寻求帮助和理解，从客户角度进行安慰，然后再询问如何可以帮助她，这比直接推脱责任要好得多。

用同理心倾听客户的抱怨，不要辩解，更不要寻找客户的过失，体谅顾客的难处。比如：客户自言用了我们的产品就过敏了，美容顾问常问的话是："你回家用了其他产品吗？你吃了辣椒吗？"客户就会气得不行。

换一种说法："啊，确实看上去有些过敏，虽然，我们的客户很少出现这种情况，但是不要紧，我会帮助您的。过敏的原因有很多，我们可以试着找出原因。现在，如果您需要，我们可以先做一个脱敏护理，解决一下目前的红肿现象，如果您认为不用，我们可以先停用产品，观察一下好吗？"

然而，当顾客满怀希望地走进美容院，不管你经营的品牌品质如何优秀，安全系数有多高，因顾客皮肤的特性或其他因素所致的过敏、红肿、瘙痒等不适症状在所难免，这类问题处理得好，顾客不但不会怪美容院，反而会觉得美容院技术专业、服务到位，值得信赖；处理得不好，美容院失去的不仅仅是顾客、财源，更是整个美容院的形象，一传十，十传百，口碑效应终会导致经营业绩下降。这就要求美容师向顾客分析疗程产品安全效能时，应根据顾客的皮肤特性，合理客观地介绍其产品功效，切勿随意夸大，给顾客承诺太多。一旦出现问题，美容院应该对顾客的心情、信念、行为表示理解和包容，然后运用一定的心理学知识和沟通技巧，让顾客在愤怒的心境中得到慰藉。同时还应尽快了解顾客皮肤出现过敏症状的具体时间、详细情况，以便查找出过敏的真正原因，然后采用普通物理疗法或通过让顾客服用一些抗过敏药物等来缓解、控制顾客的症状，最后达到治愈的目的。

2. 转移地点，选择避人处安静地解决问题。当客户试图在前台解决问题时，一定微笑着引导客户到办公室或其他顾问间，时间会令客户平息一下心中的不满。忌讳当场问为什么，否则一定会引来无数愤怒的理由。

3. 提供的解决方案令顾客获得被重视的感觉。如果接待投诉客户，一定以安抚作为出发点，同时真正给客户一个满意的答案。尽管大部分客户都很善解人意，但是也有少部分客户会真正发怒。这时不要直接送产品、退卡或现金进行补偿，而是要问客户最需要什么？不问需要的赔偿也是对客户感受的轻慢。“你以为几个钱就可以解决问题吗？”一定要在客户心情平静时再提出解决方案。

4. 态度上高度重视，行为上积极解决。在接待投诉客户时，好的、亲切的态度是第一位的，以客户感受为中心的处理方式还要表现在积极的行为反应上。与一个语速极快的客户对话，过慢的语速和过慢的动作反应都会激怒客户。用积极迅速的姿势和语速回应客户的要求，比解释还重要。

5. 时间上立刻反应，不能用请示拖延时间。客户真的只要求经理出面解决问题时，就要告诉自己，我没有被她接受，马上立刻回答：好的，我马上找经理来。千万不能说：经理不在。那样的意思就是不管你如何烦，你都得找我！客户会很生气，于事无补。在客户投诉时，好的态度又比找出到底是谁错了更重要！

当顾客对美容效果提出质疑或投诉时，不管属于哪方面的原因，美容院都应先予以接受，并站在顾客的角度，仔细聆听对方的诉求。然后，准确测试顾客皮肤的类型，了解美容师操作程序和顾客的自我护理情况，立即采取相应的补救措施，以望得到对方的谅解。如果不是美容院本身的问题，美容院也有责任从医学的角度，科学、全面地为顾客分析美容、护理与产品内在机理的关系，告诉顾客：护肤美容，改善品质不是一朝一夕的事情，它是在皮肤结构的基础上，应用多种学科的一项科学复杂的系统工程。同时还要再次仔细针对顾客皮肤的特性，帮助其建立对产品的信心，对美容院的信心。

顾客投诉并不可怕，可怕的是顾客在接受你的服务后虽不满意也不投诉，只是再也不来了。从女性的消费心理分析：喜欢投诉的人说明她对你的美容院和服务很在乎，并通过投诉让你的各种技术服务得到全面的提高和完善，达到其心理期望，从而成为美容院忠诚的顾客；不投诉的顾客说明她对你的美容院并没有太大的兴趣，一旦技术服务不到家，她就会重新选择。

所以美容院要根据自身的技术服务优势，突出经营特色、形象口碑，力求按顾客的投诉及时调整自己的经营策略和经营方向，以满足顾客的最大化需求，尝试培养一些忠诚顾客和核心顾客，来影响其他新顾客对美容院的认可和信赖。所以处理投诉的人员素质和技巧培养也应该成为美容院经营管理的重要内容。

（1）设立客户投诉记录本。避免老板不知道客户投诉，员工为了避免麻烦或考核隐瞒客户投诉。

（2）专业培训和专人处理投诉是一个比较好的方法。处理纠纷和投诉的人员素质和情商要高。懂得为客户着想，最好具有亲和力。经过专业培训以后，会了解纠纷的处理步骤，其实，这也可以从日常处理投诉中得到锻炼。

（3）美容院要赋予专职人员一定的权限，以使她能在权限内快速给予顾客补偿。

（4）对投诉的情绪反应，投诉的时间长短，投诉处理的结论，如何在管理上形成制度并行之有效同样对结果产生重大影响。

美容院小老板赚钱秘笈

把投诉当成意见，跟客户针锋相对，或摆出店大欺客的蛮横作风，令其他客人也退避三舍。把投诉当成定时炸弹，无人敢处理，只等老板来解决。

尽量满足客户的需求

美容院只有能够满足顾客的需求，才能使顾客常来常往，保证店铺生意兴旺。

“满足顾客需求”指的是美容院要结合顾客的具体要求，调动一切力量，提供让顾客称心满意的周到服务，从而有效形成技术及服务的再利用和再购买链条，使美容院的生意和信誉持续保持良好的势头。

一切经营活动都要以满足顾客需求为出发点和落脚点，这是美容院一切活动的指南。一定要打牢“满足顾客需求和期望”这一基础，站在顾客的立场上处理解决一切问题。

美容院作为一个服务于大众的场所，还要了解顾客需求的一些变化，适时运行和调整自己的经营战略，使“以顾客为中心”这条生命线始终贯穿于各项活动的始终，才是最佳的经营之道。

顾客的需求是多种多样的。产品的，技术的，仪器设施的，环境的，配套服务的，美容、美发师的等，不一而足。美容院要做的只有一个：尽最大限度满足顾客的需求。

著名的心理学家马斯络认为，人的需要可以分为几个层，由低到高依次为：生理需要、安全需要、归属和爱的需要、尊重的需要、自我实现的需要。美容顾客的需求也表现出层次性，他们为延缓衰老、永保青春、解除紧张、避开压力、寻求舒适的环境，为提高声望、获得尊重、为追求美好的东西、为好奇和求知而去美容，这些正是她们不同层次需求的表现。

顾客的一些基本需求

顾客希望被记住。顾客前来消费，美容师一定要记住顾客的名字，这不仅仅是重视顾客的一种表现，也是以后顾客重复消费时取悦顾客的一项内容。比如，顾客第二次进店，美容师亲切的问候：“张姐，您来啦！”顾客的心里一定是暖融融的。

顾客希望受到欢迎、受到尊敬。来的都是客，只要是走进店来，美容师都要笑脸相迎，倒茶引座。让顾客坐一回“冷板凳”，顾客就会到别处找“热板凳”去坐了。

顾客希望得到关心，得到赞扬。美容师的体己话和适当的赞美语言，也会使顾客产生好感。顾客希望被认为是重点顾客，美容师专心做自己的配角，让顾客感觉到“我们是仆人”就可以了。

人人都喜欢听到别人真诚的赞美，花几秒钟对顾客说一些称赞的话，能有效地增加与顾客间相互的友好情谊。让自己养成赞美的习惯，会很快改变你的人缘关系。与顾客之间建立起一个和谐、愉快的服务与被服务的氛围。

顾客需要舒适的环境，希望自己的要求能得到理解，需要高质量的技术及服务，美容师就尽最大可能的满足顾客。

技术需求

顾客对一些技术的要求一般是很严格的，美容师更要认真加以对待，马虎不得。手法技术是否专业？护理过程是否舒服？工作时是否有不适感？对顾客的咨询回答是否到位？要很圆满地做到这些，仅凭“嘴上功夫”不行，一定要有“真刀真枪”的硬功夫。

专业娴熟的操作手法是美容院成功经营的必备条件，也是一个美容院口碑的专业化体现。顾客对美容院专业化程度的要求越来越高，如女性纹唇、纹眉、纹眼线已经成为时尚，然而，因为美容师专业技术不够娴熟，经常导致三纹操作时有疼痛感、上色不匀，眉、眼形状也不自然，很多顾客不满意。作为美容院来说，在进行相关的技术操作时就必须慎之又慎，美容师操作前除了要充分做好规范操作的准备工作之外，还要针对顾客不同的年龄、职业、皮肤特性、脸型特征及顾客的具体要求，进行全面的科学分析与形象设计，为顾客量身定做出既符合顾客自身特征又具有时尚个性魅力的唇、眉、眼线款式，同时根据顾客的情况正确选择色料并分析不同皮肤的功效差异性及可能出现的问题，有效排除顾客的心理疑点。因此即使技术操作时某个环节出现问题，顾客也能谅解，并积极配合美容师顺利操作。

由此可见，技术过硬才是硬道理。一旦形成客户不满的事实，就要先道歉。俗话说“伸手不打笑脸人”，谦和的人会让客户理解，解决问题的速度快，也能消解客户心中的怒火。因为客户也知道事实如此，只能寻求解决之道。

情感需求

顾客走进美容院，也是要放松一下心情。美容师是否礼貌有加？设备、环境是否安全舒适？工具是否干净卫生？美容师操作时间是否适度？还有店铺的价格是否合理、明确，有没有“看人下菜”？美容师对顾客的情感需求同样不要忽视。

这些只是顾客需求方面，可服务质量还是来源于美容师，如何通过服务营销来提升顾客的满足度呢？首先我们要提升服务职员的素质，使服务职员的素质广而博，并且有好的气质和亲切的态度。还有我们的服务环境，要让顾客感觉到新鲜，另外要让服务体现价值，让顾客的消费通过服务来增值。

在美容院，顾客是最需要高品质服务的，高质量的服务会给顾客带来好的心情。专业化的服务会给顾客带来满足感，顾客有了满足感，我们的业绩就会上往。美容师也就有了满足感，由于收进增加了。员工要有好的品德，要想到我们为顾客想到了什么，做到了什么，要对顾客亲切，要微笑迎送顾客。

美容院的环境要给顾客以温馨和亲切的感觉，这样顾客才会乐意来接受服务，来消费，从而慢慢认同我们。

美容院小老板赚钱秘笈

“满足顾客需求”出发点是顾客，了解顾客的需求和变化，以顾客为中心的管理模式是“满足顾客经营”的关键所在，只有不断改进和发展，才是“满足顾客的经营，创造顾客的经营”之道。

满足客户需求要坚持七大信条

了解顾客、满足顾客、以优质服务打动顾客的心灵，这是使美容院顾客盈门、生意红火的重要条件。对此，每一家美容院里的每一位经营者都应有所认识，并想方设法去做到。为了实现满足顾客服务需要的目标，美容院老板在具体操作的过程中，须坚持下述七大信条。

满足顾客人人有责

要想让来美容院消费的每一个顾客都能获得满足，不是一个店长或几个少数美容师就能做到的事情。美容院提供给顾客的服务，在内容上应该是全面的，在范围上应该是广泛的。优质服务必须给予每一位顾客，只有这样才能充分发挥其整体效应。

因此，美容院里的每一位经营者，包括老饭店长和美容师，都应当担负一份满足顾客的责任。任何人都不能例外。中国有句古话：“一颗老鼠屎瞎了一锅汤”，它的意思就是说，在人们实现做事目标的过程中，务必小心谨慎，争取在每一环节上都不要出现差错。因为哪怕一个微小的差错都会给美容院的经营带来意想不到的损失。

给全体员工注入服务灵感

满足顾客，为顾客提供优质服务，必须在美容院每个工作人员头脑中注入“服务员灵感”。所谓服务的灵感，并不是指一般意义上的服务，而是指那些特殊的，超常规的，一般的美容院都不愿意提供的服务。有这么一件事情，可以帮助我们理解什么是“服务表感”的确切含义，也能说明“服务员感”的重要性。

一位小伙子，在留学期间开始与一位姑娘热恋。不久，小伙子将结束学习。临行前，他们在一家餐馆里卿卿我我，共同进餐。他俩相约在他们初次相会的两个月后的同一天，到学校旁边的一家美容院为姑娘进行皮肤护理以及化妆后去拍一套照片。

可是，到了那一天，小伙子因某些家庭原因而不能前去与意中人相会，在绝望之余，他想方设法查到了那家美容院的电话号码，于是便打电话向该美容院求援，请求他们代自己向那位姑娘解释详情。这家美容院是一家中档美容院，顾客每天川流不息，而且需要处理的事务也相当多，再加上小伙子的请求根本不属于美容院向顾客提供服务的范围，所以，他在打完电话后也没有抱太大的希望。然而，结果却让小伙子高兴万分。

当该美容院的服务员接到小伙子的电话后，也认为此种要求堪称特殊，但却没有一口回绝而是将此事慎重地转告了美容院老板。老板听后当即立断，委派他的一位助手向前来进行美容护理的那位姑娘解释小伙子不能前来赴约的原因。后来小伙子与那位姑娘成了夫妇，也成为这家美容院最忠实的顾客，他们在长达十多年的过程中，只要身在这座城市，就要光顾那家美容院。然而，那家美容院因这年事所得到的好处远远不止于此。而是还有更大的效益。

一方面，这对夫妇把自己的“神奇经历”以口头方式传给了自己所有的亲人、朋友和熟人；另一方面，他们还专门撰写了文章，发表在一些报刊杂志上，向更多的人介绍自己的“奇遇”。这样，就为该美容院做了一个不用花费任何钱财、却能带来巨大效益的免费广告。由此，美容院的经营状况更是日益红火。

可见在美容院每一个工作人员，特别是美容师的头脑中“注入服务灵感”这件事是至关重要的。

美容院满足顾客要不惜工本

美容院满足顾客要求不是一件轻松的事情，这需要经营者不断努力，在多方面都做好工作并持之以恒。正因如此，能够满足顾客的美容院只是少数，能够赚钱的美容院也是少数。很多人之所以不愿意这样做，是因为看不到这样做的巨大好处。

实际上，在各方面，哪怕只是细微的方面都能考虑问到为顾客提供全方位的满足，不仅有利顾客，而且对美容院更有利。顾客为什么会选择这家美容院而不选择那家美容院呢？原因不在于别的，就是在于美容院里的环境温馨，服务很热情，美容师技队里专业，产品质量好，而且出入十分方便，营业时间适宜，更重要的是美容师显示的专业形象让周用放心。正是这些看来做不足道的因素，构成了所谓的超越力，使一家美容院胜过了另一家美容院，赢得了竞争优势。

对于任何一家管理美容院的负责人说，检验产品和服务质量的最好方式，莫过于亲自进美容院体验一回，这个方法既简单又可靠，可惜许多人把它遗忘了。当他们意识到这一点时，往往已经为时过晚。可以断言，有些美容院之所以缺乏努力在多方面为顾客提供满足的服务意识，最重要的原因就是过于懒惰不愿意不惜工本地去做那些看似微不足道的事情。

必须学会用顾客的语言说话

对于一个美容院的老板（包括其他人员）来说，设身处地为顾客着想并不是一件容易的事情，它首先需要人们学会用顾客的语言来说话。而要做到用顾客的语言来说话，则又必须对顾客给以必要的重视，不仅重视他们的心理，更要重视他们的一切谋求。

总之，一句话，学会用顾客的声音说话，就是要充分重视顾客，把自己放在顾客的位置上采检验自己美容院的服务究竟能否让人们感到满意。

美容院要做到有求必复

许多美容院美容师对美容顾客的当面询问或电话咨询常常不乐意回答，特别是对于那些还没有与美容院发生交易行为的顾客的咨询，更加表现的漫不经心。殊不知，这样就会失去许多顾客。而许多美容院已经意识到这种情况的严重性，美容院老板为美容院自立了一条规矩：对顾客提出的所有问题必须详细、具体、正确回答。这一系，看起来尽管显得微不尽道，但却是重视顾客，为顾客提供满足的一个重要的方法，它凝结着美容院的以顾客为导向的服务意识。顾客对于自己所提出的问题往往都是很重视的。

必因发挥“按乘积计算的权力”

在任何一家经营得好的美容院里，他们的老板都是在贯彻这些简单的原则逐步地把其尊重顾客、满足顾客的基本，传授给每一个美容院工作人员。自然，美容院老板必须依靠他们最贴身的店长，把美容院的服务理念传给整个美容院工作人员，力争使人人都能够理解、接受和仿效。优秀和出色的美容院经营者，都懂得这样一个道理：“罗马不是一天建成的”因此，无论谁都只能同全体工作人员一起用他们的双手一砖一百地建设美好的殿堂，在那里，人人都能热爱劳动，人人都会侍候并受到侍候，在那儿，人人笑容可掬，胸怀开朗；在那儿，人人都发挥自己的最大效益。

这样的殿堂，就是大家所共有的，能够为所有人带来滚滚财源的赚钱的美容院。

美容院顾客满意比有理更重要

每天美容院来消费的顾客，可谓多种多样，不尽相同。很明显不来每个美容顾客都有理，一个顾客也不会常有理由，他也有出错的时候。这是在现实中的的确确存在的客观情况。

但是，这种情况的存在，丝毫不妨碍美容院的经营者必须时时刻刻恪守那句名言：顾客满意比有理无理更重要。

关键在于，如何在顾客“无理”时向他巧妙地说出“不”字。顾客往往在夸大他所遇到的问题，或是在接受服务时多一些挑剔，遇到这种情况时，就会导致你必须向他说出“不”字来，否则的话，就有可能陷入僵局。此时此刻，重要的是怎样做才能既要达到拒绝的目的，又不是因此而失去这位顾客。这就是困难之所在。然而，美容院经营者若想闯过这一难关，必须具备很多本领才行。具体说来有如下几点：首先，除非您已经培训了具备此种本领的人才，否则就必须禁止您的下属（即经常与顾客直接打交道的美容师）对顾客说“不”字。这是一个使他们容易让顾客满意的好方法。让美容师说“不”并不等于你不对顾客说“不”您应当把这个“难题”留给自己去解决。

美容院小老板赚钱秘笈

满足顾客是一个长期的过程，美容院优质服务也是必须经过不断改善才能得到的成果，它需要每一个人的每一份刻苦努力。

积极消除客户的不满

顾客所产生的一些不满，有的是顾客本身的原因，但是这种因素所占的比例并不大。在一般情况下，还是店铺的过错多了一些。这一点，店铺本身必须有一个很明确、很端正的态度。

其实，客人一旦出现不满，美容师在提供补救性服务措施时肯定会遇到不小的困难。如果不采取及时的补救措施，后果会越来越严重，要相信“事在人为”，美容师在任何情况下都不要放弃。努力尝试了，即使不能让顾客感到满意，至少也可以降低其不满程度。

对于商家而言，顾客的抱怨或投诉是一种信息，这些信息可以提示我们更好的为顾客服务。因为我们的产品是为顾客而存在的，在顾客的抱怨或投诉当中我们可以了解我们的产品存在有哪些问题，顾客希望得到怎样的服务。因此，只要我们认真记录、及时汇总顾客的抱怨或投诉，我们就可以不断地改善自身不足之处，并不断的完善，使顾客对我们更加满意。

顾客的抱怨或投诉是一种比较危险的消极因素。如果处理不当就会影响我们的信誉。有句话说的好：十天的广告宣传也抵不上顾客的一句抱怨或投诉。因此，美容师要主动承担责任，妥善处理好抱怨或投诉，挽回顾客对美容院的信任感，从而留住顾客。

学会用以下的方法处理顾客的不满，应该收到很不错的效果：

诚恳地向顾客道歉

无论美容师有没有思想准备，顾客的不满情绪如果已经表现出来，美容师就要向顾客表达歉意。也许有的顾客有小题大做的成分，但美容师的道歉必须是真诚的。因为顾客也是正常的人，产生不满的情绪当然是店里的原因，没有一位顾客会把无关的不满向美容师发泄。

美容师要对顾客所经历不便的事实进行承认和道歉。不要小瞧简简单单的几句话，它有时还真有化干戈为玉帛的神奇效果。一句简单的道歉语，往往证明了美容师对顾客的尊重。顾客对一些细小环节的不满，常常被美容师几句温暖的话所感染，那份不满也就会烟消云散了。

需要注意的是，自我道歉语言要比机械式的标准道歉语更有效。

善于倾听并转移

生气的顾客喜欢发泄，更喜欢有人在关注他、尊重他，美容师不妨当一回顾客的“撒气筒”。顾客说完了，心里的火气就少了很多。这时，美容师可以巧妙地总结顾客产生不满的原因，找出店铺的一些问题或漏洞，然后和颜悦色地对顾客做解释说明。的确是店铺或美容师本身的毛病，美容师要勇于承认并向顾客表示真诚的歉意。

顾客不满了，就会需要寻找一位对其遭遇表示出真实情感的好听众。美容师无论是过错方，还是局外人，都要认真倾听顾客的声音。在顾客不满情绪发泄得差不多时，美容师再引出顾客感兴趣的其他话题，很自然地就把顾客的不满化解了。

提出一种公平的化解方案

一旦顾客对问题采取了情感性的响应，换一句话说就是顾客的不满情绪很强烈，不是一两句道歉的话就能解决时，美容师则要从基本问题着手进行处理。在这个时候，必须让顾客感觉到美容师有处理问题的能力和技能。

顾客要求的是具体的行动，仅仅几句空话搪塞顾客是不行的。美容师可以结合顾客的不满指向，提出一种或几种合理的化解方案，提供给顾客参考解决。

美容师提出的方案必须是公平、公正的，不得有欺骗、耍心眼儿的成分。这样，顾客就会感受到美容师解决问题的诚意。有许多所谓的难问题，也就迎刃而解了。

进行适当的补偿

这种方法适合对顾客造成一定不便或伤害的情况。

美容院必须有一个非常明确的态度。这个态度就是承认自己是过错方。一般情况下，店铺的老板就要出面解决这件事情了。老板要对顾客提出的合理要求完全应允，针对带来的不便或造成的伤害给予顾客一些具有附加价值的补偿，这是店铺必须履行的责任，推脱不得。

如果店铺的态度是积极的、认真的，而且对合理的补偿是非常认可的，顾客就会对那些表示出真诚歉意的、合理的姿态感到满足。

如何预防顾客的不满

1. 礼貌待客，建立好感

一般来说，美容师给顾客留下的第一印象好，顾客即使对服务有不满，也会心平气和，就事论事地要求处理；反之，则会带着反感提出处理要求。因此，一个礼貌待客，受顾客信任和欢迎的美容师，即使碰到问题，一般也不会形成纠纷，在良好的服务态度下，纠纷就比较容易避免或化解了。

2. 表达清楚，交代明白

美容师在介绍项目时要表达清楚，不可夸大美容效果，如果顾客抱有很高的期望值，一旦达不到效果或是暂出现反应，就会感到受了欺骗。因此，要在介绍项目时将过程以及可能出现的问题、处理方法尽量解释清楚，以防顾客误解。

3. 细心观察，及时调整

每一次顾客做美容之前，都要认真地观察顾客的皮肤，发现问题，及时向顾客解释原因，并做出必要的处理。

4. 做好跟踪服务

随时与顾客保持联系，及时发现消除易与顾客发生纠纷的隐患。在美容服务中发生问题并不奇怪，顾客需要的是有人能及时帮助他们解决问题，只要跟踪服务做得好，顾客的不满就会变为感激。

美容师在服务过程中处于主导地位，给顾客以极大的影响，顾客是美容师的服务对象，因此，美容师在日常工作中就要努力完善自己的服务，尽力消除发生纠纷的潜在因素；一旦不满甚至投诉发生了，首先检查自己的服务，疏导顾客不满情绪，积极化解矛盾，处理妥当；即使确实是顾客不对，也要摆事实，讲道理，善言解释，取得顾客的理解。

美容院小老板赚钱秘笈

在处理顾客不满的过程中，如果确实是美容师的失误引起的问题，不要回避责任，应当真诚道歉并迅速采取措施，求得顾客的谅解和合作。将处理问题可能需要的时间告知顾客，以使其安心。

防止顾客的流失

现代美容院已经不仅仅靠改善顾客皮肤问题开拓客源、增加业绩，更重要的是通过美容院的超值服务带给顾客心灵和身体的充分放松，从而留住老顾客，吸引新顾客。

开发一个新顾客是维系一个老顾客费用的 3 ~ 5 倍。美容院发现顾客比以往少了许多，而一些老顾客来店的次数明显减少时，就应该问问自己：哪些地方令顾客不满意了？只有留住老顾客，才能吸引新顾客。

简单来说就是建立起客户至上的经营理念，找出对营销产生明显影响的关键要素，不断调整经营策略。及时采取适当措施，在优化客户群结构的同时，保障全程服务的最优化，以获得客户青睐，达到客户贡献度最大化以及忠诚度最高化。美容院与客户合作过程经常会发生很多短期行为，这就需要美容院对其客户灌输长期合作的好处，对其短期行为进行成本分析，指出其短期行为不仅给美容院带来很多不利，更给客户本身带来了资源和成本的浪费。美容院应该向老客户充分阐述自己美容院的美好远景，使老客户认识到只有跟随美容院才能够获得长期利益，这样才能防止客户投向竞争对手。

产品与服务，是美容院两大信誉支柱。有了高质量的产品和技术，有了顾客放心满意的各项服务，美容院就有了良好的信誉。良好的信誉是留住大顾客的关键，美容院抓住了两大支柱，也就是留住了大顾客。

美容院老板千万记住，不要拿顾客当实验品，不要拿假冒伪劣产品欺骗顾客。做到了这一点，把住了产品质量关，店铺就在顾客心里有了信誉。

在美容行业，很多美容师跳槽会带走大批老顾客，究其原因就是美容院管理人员对客户情况不了解，缺乏与客户的有效沟通和联系。只有详细收集客户资料，建立客户档案，进行归类管理并适时把握客户需求，才能真正实现“控制”客户的目的。研究表明，客户每 4 次消费中就会有一次不满意，而只有 5% 的不满意客户会抱怨，大多数客户则会减少来美容院消费的次数或转向其他美容院。

所以，美容院绝对不能以抱怨水平来衡量客户满意度，而应通过定期调查直接测定客户满意状况。可以在现有客户中随机抽取样本，向其发送问卷或电话咨询，以了解客户对美容院环境、服务各方面的印象。在收集客户满意信息时，询问一些其他问题以了解客户再消费的意图将十分有利。一般而言，客户越满意，到美容院消费的可能性就越高。衡量客户是否愿意向其他人推荐本院及其服务也是很有用的，好的口碑意味着美容院创造了高的客户满意度。了解了客户不满意所在才能更好地改进，防止老客户的流失。

美容院与客户的交易结束并不意味着客户关系的结束，在服务后还须与客户保持联系，以确保他们的满足感持续下去，而感情是维系客户关系的重要方式。日常拜访、节日问候、一束鲜花都会使客户深为感动。某美容院的老板会在每年的大年三十带上漂亮的鲜花和丰盛的年货，到该院最“忠诚”的客户家中拜访，了解客户新的需求，为来年的继续服务打下良好的基础。

顾客流失就是美容院的产品或服务不能达到顾客期望值时顾客做出的必然选择。顾客对产品性能或服务过程不满意、对投诉和抱怨处理不当、反对涨价或政策调整、竞争对手的攻势或者一线店员的怠慢等都是导致顾客流失的原因。如何重新赢得流失的顾客呢？

美容院要首先分析确认哪些流失的顾客是值得挽回的，明确了这一点，就可以“按图索骥”了。以下七个关键步骤可以帮助美容院重新获得顾客，进而让顾客重新回到店铺进行消费：

①首先问顾客这个问题：“我们需要做些什么才能再次为您服务呢？”

然后仔细倾听顾客的回答。

②揣摩顾客心理。要知道顾客心里真正在想什么，然后找出适宜的方法。

③满足顾客的要求。当完成顾客的要求内容以后及时通知顾客，并再次委婉的请求恢复生意。

④要有耐心。一定要记住，顾客“伤口”的愈合需要一定的时间，操之过急往往适得其反。

⑤保持沟通。利用特殊的日子送小礼物、打电话、登门拜访。

⑥真诚地欢迎顾客回来。当顾客回头找来的时候千万不要说：“我说过你肯定会回来的，看看，我说对了吧！”

⑦顾客回来以后，要格外珍惜与顾客在一起的每一天。

美容院小老板赚钱秘笈

防止客户流失作既是一门艺术，又是一门科学，它需要美容院不断创造、传递和沟通，这样才能最终获得、保持和增加客户，锻造美容院的核心竞争力，使美容院拥有立足市场的资本。

应对不同性格的顾客

在美容院的管理中，很重要的一条就是顾客接待。接待到不到位直接关系到顾客的消费，从而直接影响美容院的收益。不同性格的顾客应该有不同的接待方式。

怎样应对挑剔的顾客

爱挑剔的顾客一般具有这样的心理特点：认为自己很明白，什么都懂；过分的挑肥拣瘦吹毛求疵，恐怕自己吃亏；对什么都不放心。美容师对这种顾客又该如何对症下药呢?

美容师接待顾客要有足够的耐心，也许顾客的性格属于慢性子，时间显得宽裕，把所有的产品都看个遍，还不时地问东问西。美容师可以跟着顾客的节奏，区别具体情况，相应采取间接否定法、拖延时间法、转移话题法、抢先说出相同话题法等策略技巧，不时地顺着顾客、夸奖着顾客，然后看准顾客的真正心思，消除其种种不放心的想法和疑虑，找出是因为价格还是产品效果或其他因素的影响，适时突破。

美容师找到了这类人的弱点，并能够委婉的说服，一般也能够达到目的。

怎样应对性急的顾客

美容师和顾客在聊过几句话以后，就应该知道其是不是性格急躁的人了。如果是的话，美容师必须精神饱满，主动热情，清楚、准确、简洁并有效地回答顾客提出的一系列问题。注意一定不要说些闲话，还要想着把顾客的“急”压下来。这样一来，顾客就只有配合你说话的份儿了。

这样的顾客也许平时我行我素习惯了，也许天生就是个急性子，也许认为性格慢会吃亏。美容师在注意顾客说话的同时，还要关注他的眼神和动作表情，最好在讨论的高潮期成交。

当然，美容师一定要给顾客一个非常好的印象才行。

怎样应对经济型的顾客

经济型的顾客追求的是物美价廉，这也是一般大众的消费状态。既希望产品的功效能够达到自己的期望值，又不想花太多的钱。这也是顾客本身的性格和生活水平决定的。

美容师在这个时候，一定要重点强调产品的效果，突出其价值；证明产品价格的合理性，给顾客造成确实是物有所值的印象；着重强调顾客使用这种产品的优点，不时地恰到好处地赞美顾客。

如果的确是顾客相中了产品，仍然想在价格方面做点文章，美容师可以在职权范围内做小小的让步，记住，仅仅是一小点儿让步，绝不能让顾客有得寸进尺的念头。对美容师的顺水推舟，顾客发现自己的利益被肯定，自然很满意，购买的几率就大了。

怎样应对多疑的顾客

多疑的顾客走进美容院的时候，给人的第一印象就是表情凝重、不苟言笑，表现出来的就是不但对产品不放心，就是对接待他的美容师也心存疑虑。也许，这名顾客在以前购买使用产品时，曾经上当受骗过，对美容师存有一定的戒心。也许，顾客是经过深思熟虑才进入店铺的。

美容师首先要做的就是证明自己的诚意。然后陪着顾客参观产品，发表意见。此类顾客一般不太喜欢高谈阔论，只要在专业方面让顾客刮目相看就可以了。美容师在态度上一定要坦诚老实，说话要亲切和蔼，语速稍缓慢。

想在很短的时间里就能够消除顾客的多疑多虑，是很不容易的一件事。事实上美容师也很难做到这一点。顾客多疑，行动就相对的迟缓，美容师千万不要太着急，退一步说，这次不行还有下次呢！

多疑的顾客，必须给他考虑的时间。这个时间谁也把握不准。不过，美容师在顾客心里留下了很深刻的印象，顾客一定会考虑这个因素的。

冷淡型的顾客

这类顾客采取买不买都无所谓的姿态，看起来完全不介意产品优异与否或自己喜欢与否。其表情与其说不关心美容师推介的产品，不如说不耐烦，不懂礼貌，而且很不容易亲近。此类顾客不喜欢美容师对她施加压力或推销，喜欢自己实际调查产品。但事实上她们对细微的信息很关心，注意力很强。

对于此类顾客，普通的产品介绍不能奏效，必须设法让她们情不自禁地想买产品。因此，美容师必须煽起顾客的好奇心，使她对产品产生兴趣。然后，她就会乐于倾听产品的介绍，美容师才可以展开最后进攻。

怎样应对爱争辩的顾客

爱争辩的顾客的到来，会给美容院平添几分热闹。爱争辩，说穿了，也就是争强好胜，凡事都想拔个头筹。爱争辩的人一般也很喜欢炫耀，美容师不妨给他这样的机会，应该抓住时机，神不知鬼不觉地多给顾客戴几顶“高帽子”。

爱争辩的顾客图的是自尊心或虚荣心的满足。美容师抓住了顾客的这个心理，做其他事情就不是很难了。为了达到销售产品的最终目的，美容师可以时时迁就、礼让顾客三分。

沉默型的顾客

这类顾客会对你的推介始终“金口”难开，你很难判断她心里究竟是怎么想的，这也是最难对付的一类。

对这类顾客，美容师要先问、多问。要根据其穿着与举动，判断出其对哪类产品感兴趣，然后设计她感兴趣的问话。交谈时，注意顺从她的性格，轻声慢语地进行说服。

美容院小老板赚钱秘笈

美容师在服务过程中，总会遇到不同性格的顾客，把握不好便会直接影响到服务质量和顾客的满意度。因此，在面对不同性格类型顾客时，美容师要善于把握顾客性格，投其所好，根据不同的性格提供相应的服务。这样才能提高服务质量和顾客的满意高，取得事半功倍的效果。

第七章 需要一流的美容师

由于美容师直接与顾客接触，其一举一动、一言一行直接关系到顾客对企业、美容院或一种产品的感受；又因为顾客是美容师生活来源的间接发放者，因此，美容师必须要取得顾客的信赖。美容师是一个美容院里服务的主要提供者和创造者，其重要性不言而喻，美容师是美容院的产品和服务实现销售的直接操作者，她们的工作是体力劳动和脑力劳动并存并重的，缺一不可。

专业美容师是必不可少的

美容、美发师就是美容院的招牌，美容、美发师代表了美容院的形象。

美容、美发师是店铺的财富之源，这句话说得一点儿也不过分。如果美容、美发师的作用发挥得不好或者其潜力发掘得不够，原本属于店铺的财富很有可能就转移到了别的同行那里。这是店铺老板最不愿意看到的事情。还是给美容、美发师提供最佳最好的发挥空间吧，想尽一切办法充分调动美容、美发师的工作积极性，尊重美容、美发师的劳动，保障他们的待遇，解除他们的后顾之忧，接下来的事情，就是老板往自己的腰包里装钞票了。

顾客认可了美容、美发师，也就接受了这家美容院。

顾客购买产品的引导者

如何引导顾客购买美容院的产品，美容、美发师的作用非同一般。

美容顾客在决定购买某种产品或接受某项服务之前，一定会对产品的功效、性能、有无副作用等进行详细的了解。这样一来，专业知识的多寡和交流的技巧问题，对美容、美发师来说就显得很重要了。产品的标志、期限、价格，顾客的皮肤类型、面斑的类型及成因，店铺的服务范畴以及服务承诺等，每个环节都包含了许多专业细致的方面。美容、美发师必须想尽一切办法，用简单平实的语言介绍清楚。对于一个爱美且又缺乏经验的顾客尤其是女性顾客来说，美容、美发师的沟通技巧很关键。

引导顾客购买产品是需要费一番周折的，有时即便磨破了嘴皮子也不管用。产品过硬、服务到位，再加上美容、美发师的不凡的专业技术和诱人的交流技巧，缺了哪一项都不会取得成功。老话说的“现上轿现扎耳朵眼儿”往往会弄巧成拙，美容、美发师的基本功必须扎实。

把化妆品推荐给顾客的专家

美容、美发师的推销作用同样不可低估。一个出色的美容、美发师，应该是对自己非常自信的。

要想把一些化妆品推销出去，美容、美发师必须做到三个相信：相信自己的推销能力，相信自己所推销的产品，相信自己所在的美容院。有了充足的自信，推销起来就轻松多了。

便要讲究，美容、美发师在推销自己产品的同时，不能否认顾客正在使用的产品，要按照顾客要求走，否则结果必然适得其反。

美容师是情报员

不要以为美容院是一般性的、大众化的消费场所，商业情报就不重要了，只是我们没有把它上升到一定的高度就是了。

情报系统也是美容院整个管理、营运系统的基础。它包括顾客情况、竞争对手情况、顾客消费满意度、其他品牌市场情况甚至行业动态等多个方面。在美容院，和顾客交流最多的人就是美容、美发师了，美容、美发师是实实在在的“情报员”。

熟悉产品的专家

新的太阳升起的时候，美容院满心欢喜地盼望着顾客的到来。

美容院店面的外观、服务设施及美容院口碑等条件，当然是顾客需要了解的，但要想使顾客使用产品，对美容、美发师而言意义重大。美容、美发师如果不擅长语言艺术，就无法客观地了解顾客的想法，不能与顾客进行有效地沟通，也就找不出顾客进行美容护理的原因，刺激不了顾客的消费欲望。如果美容、美发师的语言和方式得当，对顾客的面子和皮肤问题，既晓以利害又拿出办法，动之以情晓之以理，就基本掌握了谈话的主动权。顾客也就会顺着美容、美发师的想法，接受美容院的产品了。

这就给美容、美发师提出了更加严格的要求。必须熟练而准确地了解和掌握产品的功能、操作手法及使用注意事项等，并且还要悉心指导，以防止产品由于顾客使用不当而出现一些意想不到的问题。顾客在接受产品的同时，也接受了美容、美发师的完美服务，另一单生意就会接踵而来。

经营理念和品牌传播者

美容、美发师是美容院经营理念和品牌的传播者。美容、美发师主要职能之一是把美容院的特色、产品以及服务内容等信息通过恰当的方式传递给顾客，顾客通过美容、美发师了解到自己需要了解的内容。顾客接受了美容、美发师，也就是接受了这家店铺的经营理念和品牌。一般情况下，顾客接受了美容、美发师，就意味着心甘情愿接受店铺的服务了。

与顾客保持良好关系纽带

在传统思维的营销过程中，美容院和顾客之间还只是简单的交易行为，一般不太注重与顾客保持长久的关系。然而，时至今日。有眼光的老板已经认识到，只有不断加强对顾客的忠诚度，才能长期留住顾客，才能使竞争能力得以绵延不绝。这个不断加强顾客忠诚度的过程，就是与顾客保持良好关系的过程。

从一定意义上理解，顾客是“上帝”，美容、美发师作为美容专家，就是美容院顾客的“仆人”。美容、美发师只有尽心尽力、满腔热忱的为顾客服务，才会得到顾客真正的相信和喜欢。顾客只有完全相信了美容、美发师，顺理成章，也就相信了美容、美发师所在的美容院。要想顾客与美容院长期保持信任关系，就必须让美容、美发师和顾客建立起良好的人际关系，因为美容、美发师是美容院与顾客保持良好关系的中枢纽带。

美容院小老板赚钱秘笈

作为一名美容、美发师，他的言谈举止直接影响着顾客的消费选择。美容、美发师整洁的服饰、微笑的面容、专业的交谈，都会留给顾客一个美好的印象，从而增加顾客对美容院的好感和信任，进一步拉近彼此之间的距离。

美容师要注意个人形象

一位专业美容师在人们心目中的形象应该是：具有优雅的风度、高超的技术、丰富的内涵、端庄的举止、文雅的谈吐；接人待物时，要彬彬有礼、落落大方。

美容、美发师的个人仪表，凸显其精神风貌和职业特征。美容、美发师的个人仪表必须与职业特征相互吻合。个人仪表美可以让顾客有良好的第一印象，从而能够帮助与顾客更好的沟通。美容、美发师的个人形象也有很多的要求，具体体现在以下几个方面：

端庄的仪表

俗话说得好：站有站相，坐有坐姿。对美容、美发师的要求也是如此。

美容、美发师无论坐、立、行、走的时候，都要随时提醒自己，都要养成保持体态直立的好习惯。这样一来，可以让顾客时刻感觉到美容、美发师健康向上的精神风貌。同时，女性美容、美发师拥有灵活优雅的举止，往往会成为被羡慕的对象。

化妆风格应该和自己的气质相近，典雅不失清新、要给人以“浓妆淡抹总适宜”的感觉。巧妙的佩戴饰品能够起到一语道破的作用，给美容导师增添几分色彩。

不要过挽高的发髻或其它奇形怪状的发型，头饰、耳饰、项链不可过于华丽，珠光宝气会使人觉得俗气，切不可浓妆艳抹，香气袭人。

大方的仪容

素雅、大方而又非常得体的妆扮。能给人清新怡人、亲切自然的感觉，顾客见到这样的美容、美发师，心情就很容易放松，还会对此产生一些好感，也就更加愿意享受美容、美发师的服务。同时，也体现出了美容、美发师独有的职业美。

开朗的形象

这里所说的开朗，不仅仅是有开朗的性格，还指美容、美发师诚恳、乐观、充满自信的姓事态度，这也常常对顾客产生一定的影响。随意的、不分场合的喧闹或哗众取宠，则很容易导致顾客的反感。

口齿伶俐

美容、美发师吐字清晰、简洁易懂，是一项基本要求。说话含糊不清、语无伦次绝对要不得。没有哪个顾客喜欢说话吃力的人，更谈不上让顾客接其受推荐的产品和服务了。

有必要的话，美容、美发师要进一步学习巧妙高雅的职业谈吐，培养悦耳动听的声音。顾客愿意和这样的美容、美发师交流，这也是取得顾客信任的起码条件。

言谈礼节

礼貌用语不离口，多用“请”和“谢谢”，这是人际效中的礼貌金句。尽量使用令顾客舒适的语言，如客户讲方言，而你有正好熟翻他所讲的方言，你就可以用方言与顾客交谈，这样可以拉近双方的心理间隔，瞬时增加亲切感。

善于聆听，认真听客户说话，不与顾客抢话头；说话要有分寸，多用热情，关心的语调。不要使用“可能”“也许”“大概”等含糊涂不清的措词。

初次见面应表示打搅的歉意，离往时应诚恳地说：“非常高兴能够熟悉您。”并留下名片和资料，三天后再进行回访。

典雅的风度

美容师要具有典雅的风度，它主要包括清晰悦耳的声音，亲切、高雅的谈吐，优美、协调的姿态，美观、得体的着装以及端庄、朴实的举止，人的良好风度可以通过学习、培养和训练获得贵在不断进取持之以恒。

站姿。正确的站立姿势应该是表情自然，双目平视颈部挺直，微收下颌挺胸直腰收腹，臀部肌肉上提两臂自然下垂双肩放松稍向后，双腿并拢双脚成“丁”字型站立。美容师要长时间站立工作，只有保持正确的站立姿势才能获得良好的平衡性肌肉的适当控制以及手脚的协调等从而减少或避免疲劳。美容院工作时的站立姿势是避免脊骨的长时间弯曲，两脚不要离的太远尽量以脚掌承受体重而不要以脚跟承受体重如果以两脚并拢的姿势长时间站立身体不易平衡，也很容易造成疲劳。

坐姿。正确的坐姿应该是上体保持站立时的姿势。将双膝靠拢两腿不分开或稍分开，两脚前后左右略分开或腿向前伸出两脚上下交叉也可，女性当两腿上下交叠而坐时悬空的脚尖应向下双膝尽量靠拢。美容师工作时保持正确的坐姿能避免腰酸背痛，并减少般性疲劳，其要领是椅面与膝部基本平行双脚顺着膝盖自然平放于地板上并使大腿部与小腿部形成90度的直角，以脚支撑大腿部的重量，坐的时候，下半背部要贴住椅背，替顾客服务时身体上部可稍向前倾如果坐的是没有椅背的凳子则应坐满凳子，保持上身挺直的姿势，使身体的重量完全由太腿承受。

走姿。正确的走姿一般是身体挺直，保持站立时的姿势不可左右摆动，摇头晃肩或歪脖斜肩，双臂前后自然摆动幅度不可太大忌左右摆动；提臀(臀部肌肉紧张)用大腿带小腿迈步，双脚基本走在条直线上，步伐平稳，忌下上颠动，左右摇摆及甩脚也不要有意扭动臀部，步频与步幅与呼吸应配合成规律的节奏。女性穿礼服、裙子或旗袍时步子要迈得小一些。美容师在美容院工作时，步伐要轻稳灵活。

美容院小老板赚钱秘笈

美容师不仅代表着一个美容院的形象，更是美容院的灵魂，所以美容师要时刻注意自己的形象，给顾客留下一个良好的印象。因此美容师要具有高雅的外在形象，举止端庄大方，谈吐文明，表现出高雅的气质，待人亲切、诚恳、实在，注意个人修饰、服装整洁、妆面淡雅，处处能给客人营造愉快和谐的气氛。

美容是必备的职业修养

美容师自身应具备的修养作为一名合格的专业美容师，必须经过长期的严格的专业训练，在道德、理论、技艺、思想等方面都有高度的修养，经得起实践的考验，才能得到社会的承认。旺盛充沛的精力、和蔼可亲的面容、文雅大方的气质、精湛高超的的技艺以及高尚的道德修养，是一个合格美容师的必备条件。

专业基本功

这是作为行业工作者的基本能力要求，具有一定的美容专业常识，要了解与本职工作有关的基础生理知识、营养学、化妆品常识和心理学知识；关注当今美容行业的发展新动向，以便准确无误的开展咨询服务，实事求是的回答顾客提出的各种问题，不断提高自己的鉴赏能力，以便高水平地为顾客服务。

能够熟练应用手法和仪器为顾客服务，其中包括：人体生理常识、美容化学常识、简单医药护理常识、简单中医经络常识、美容美体按摩手法、美容基本护理程序常识、消毒灭菌常识等。

美容护肤是一门技术，也是一门艺术。因此，美容师不仅要有较深的艺术修养、正确的审美观，而且要掌握高超的美容、皮肤护理的技巧和数量准确的手法。这样，才能在美容服务中取得主动权。

道德方面的修养

以下几个方面，是对美容、美发师道德修养的衡量和检验：

①良好的服务意识。

作为一名美容、美发师，应该在服务意识上多下一些工夫。

A. 微笑服务：微笑是和煦的春风，是温暖的阳光。美容、美发师对所有的顾客都要面带微笑，温文尔雅，说话和气。通过微笑，你可以展示出你的个人魅力和亲和力，从而感染顾客，给顾客创造一种轻松愉快的氛围。

B. 亲情服务：就如同家里人一样与顾客进行交流，像满足自己的家人一样满足顾客的要求和需要，再加上丰富的专业知识，顾客当然易于接受这种服务。

C. 超值服务：尽量提供给顾客超值的服务，使顾客明显地感觉到是真正的物超所值。一位成功的美容、美发师，不但要以技术取胜，还要让顾客感受到美容、美发师一颗爱人如己的心。

②良好的个人品性。

A. 具备了良好的工作习性，而这种习性又是顾客喜欢的，顾客就会很快地接受和认同，继而就会认同美容产品，接受店铺的服务。

B. 要学会发现顾客的优点，要懂得如何欣赏顾客，赞美顾客，让顾客满意、高兴地接受自己的产品及服务。

C. 以良好的精神面貌取得顾客的欢心。把不良情绪带到工作中往往很容易使顾客厌烦。干净、端庄、大方的打扮也是体现良好精神面貌的一个方面。

D. 对顾客要诚实公平，一视同仁。对待新老顾客，都要认真诚信，无论顾客花多少钱消费，都不要“见钱眼开”，不可厚此薄彼。匆忙草率的服务甚至是应付差事，都会使顾客产生逆反心理，进而产生取消消费的念头。

E. 工作中不要谈论本美容院或他人的隐私，更不要窥探顾客的隐私，或把顾客的隐私不负责任地随处乱说。

③良好的生活心态。

保持一种健康的生活心态是美容、美发师心理健康的主要标志。不以别人的荣辱得失影响自己的心态，始终有一种达观开朗的性格，就会对工作充满热诚，就会感染顾客，一同沉浸在欢乐之中。

心理健康者，会用平常心看待周围发生的一切，生活给予的一切机会都能不失时机地抓住，有时还会创造机会。他们看待事物较为客观，又符合逻辑，一般不会非常狂热偏执和急躁，更不会做一些过头的事。进与退显得游刃有余。

理论方面的修养

要成为一名合格的美容、美发师，有了较高的道德修养还远远不够，还要具备有一定的理论修养。要了解掌握与本职工作有关的心理学知识、基础生理知识、营养学知识、化妆品常识等；熟悉市场情况，关注当今美容、美发业的发展新动向，用较丰富的理论知识武装自己的头脑，不断提高自己的鉴赏能力，以便准确无误地回答顾客提出的各种问题，提高自己为顾客服务的水平。

良好的公关能力

一名出色的美容师具有较强的公关能力，会与顾客沟通感情，善于交陌生朋友，能运用高雅的职业谈吐了解顾客的心理需求，虚心听取顾客意见，不论在什么情况下都能以良好的形象出现在顾客面前，使顾客得到最好的服务，在宣传产品及各项服务等方面都能赢得顾客，有显著成效。

在和顾客的沟通中，要学会换角度思考，这也是在工作中处理问题的基本能力。这样你才能发现顾客需求，体会顾客心情，提供贴和顾客心意的服务。换言之就是，顾客满意的服务才是最好的服务，顾客满意才识衡量服务的唯一标准。那些制度、方法、要求只是为了达到这一目的的必要约束。所以，不能转换角度思考问题，看待事情，就不可能提供顾客满意的服务。

在与顾客的相处中，应该不急于表示出你的好恶，一方面是你的修养体现，另一方面使你能够有时间从容的了解全貌，深思熟虑后可以稳妥的处理事故。用理智指挥行动，将情感作为一种辅助，切记莫被情感占了主动。

审美方面的修养

美容、美发师要有独特风格的审美观点。

除了年龄因素以外，美容、美发师与演员、时装模特、节目主持人等职业有异曲同工之妙，这也是美容、美发师职业的迷人之处。一位职业美容、美发师，无论自身先天条件如何，审美修养是不可或缺的。既要具备源于生活、适合大众文化的现实主义审美观，又要拥有高于生活的浪漫主义审美意识。

①美容、美发师要有自我定位的审美能力。美在朴素中，在不可替代的个性化的气质里。美容、美发师既然是给顾客带来美的人，无论形象上、气质上都应该有一种赏心悦目的美。美容、美发师自身形象，应该是俊秀、清丽、大气、儒雅，周身焕发着一种朝气、一种活力、一种智慧，与电视节目主持人比较相似，但是美容、美发师显得更亲切，没有距离感。

②美容、美发师要创造独特的美。美容、美发师创造美的对象是顾客，美容、美发师要能够对每一位不同形体、不同年龄、不同容貌的人，结合他们外在及内部的条件要素，帮助他们发掘自己最美的一面。美容、美发师在创造美时，应注意两点：一要既符合大多数人的审美观点，又突出每个人特有的闪光的地方；二要牢记美是不断变化的，美会随着经济、时代、文化的发展而变化，美容、美发师对此要有敏锐的洞察力，牢牢地把握住这一点。

③美容、美发师要正确地综合美。美容、美发师要能合理地利用外在美和内在美的和谐统一，综合体现在顾客身上。对一些所谓的“时髦”，应以冷静的头脑、敏锐的眼光来进行分析，万不可照搬照抄。

美容、美发师的审美能力，非朝夕之间便可获得。美容、美发师审美能力的提高过程，也是对事业孜孜不倦的追求过程，是美容、美发师不断提高文化艺术修养的过程。

美容院小老板赚钱秘笈

美容师作为美容院重要的组成部分，支持着美容院的运营。美容院要想赢得顾客，必须要求美容师可以提供专业的服务。所以，专业、一流的美容师要有良好的职业素养，敬业、善于交流等。

做一名受欢迎的美容师

美容护理是一项服务性的工作。要胜任这项工作，美容师必须培养高尚的职业道德。作为一名合格的美容师，所要具备的职业道德，应该是品行和专业水平的完美结合，要树立良好的服务态度，全心全意为广大顾客服务。在态度上要主动热情，和蔼可亲；在工作上要耐心细致，真诚周到。一定要把“顾客至上”“信誉第一”的要求牢记在心，并付诸以行动。

作为一名专业美容师，会密切注意店门外的人流情况，对可能进入店内的客人，均应从表情、穿着、打扮、化妆、行动、言语等顾客行为进行分析揣摩并将此贯穿整个导购过程，直至送别顾客。

顾客走进美容院首先感受到的是这里的气氛和环境。俗话说“人笑福准到”“巴掌不打笑脸人”。专业美容师不会给客人一个冰冷的环境氛围，但也绝不会热情过度吓跑了客人而是以亲切、自然的态度和发自真心的微笑迎接顾客。

无论在日常工作或生活中专业美容师都养成使用敬语的习惯。这种习惯不单指对尊长者，对待顾客同样也要多使用敬语。常言说：礼多人不怪。

敬语不单单只是指说话的内容，也指说话时的口吻、语气。虽然我们在日常工作中对待不同的顾客要用不同的方式但在使用敬语这一点上上，一定要做到一视同仁。

作为一个专业美容师，在同顾客接触和交流时，一般都会做到以下几点：

吐字清晰

若字句发音不清晰，顾客听不清你说的话每次都得重复问一遍，那么将使顾客失去交流对话的兴趣。良好的交谈技巧完全可以在日常生活中靠朗读训练与平常注意纠正来逐步养成。

善于分析揣摩顾客

顾客一出现，专业美容师就会用眼睛扫视一遍，凭着自己的经验和对美容行业的了解，根据顾客目光停留的目标、停留时间迅速判断出顾客对服务和产品的兴趣倾向，并揣摩出顾客内心的需求指向。如顾客有较为明确的关注点，如样品柜等专业美容师就会将顾客引领去她关注的地方，与她进一步沟通。如没有明确的关注点，就会引领顾客到客座处，送上消毒的热毛巾或茶水，询问顾客是否有指定的美容师，如有则迅速叫来接待或参与接待。在这整个顾客过程中，美容师应与顾客保持半米左右的距离。因为靠近说话更有说服力，更重要的是可以从近处更仔细地观察顾客，包括顾客的穿着打扮、随身携带物品、特别是面部皮肤等。

恰当地赞美顾客

甜言蜜语人人爱听，适当的赞美是人际关系的润滑剂。对第一次上门的顾客，专业美容师会试探性地了解她的工作背景和家庭状况，如果顾客不愿谈论，也不要“打破砂锅问到底”。

赞美顾客年轻漂亮，赞美顾客的孩子和宠物，赞美顾客的穿着打扮，赞美顾客品位不凡，有艺术家气质等都是拉近顾客距离，融洽彼此关系的好办法。

始终不忘自己的身份

有些美容师由于和顾客“混得太熟”，往往忘记自己的身份不是态度没大没小就是说话过于随便。譬如批评顾客“你怎么如此三八！”或“你好没水平呀！”听了这种“批评指教”，再熟的客人都可能会心里不舒服甚至会跟你翻脸。而专业的美容师始终都不会忘记自己的身份。

保持充分的自信

特别是初次销售工作，对陌生人的莫名恐惧普遍存在于美容师心中。有些人在面对顾客时，会紧张得手足无措，语无伦次，大汗淋漓，甚至想要迅速逃离。清除心理紧张，必须要有充分的自信，同时通过无数次的主动接触去克服，您可以抱着“你即使拒绝我也没有什么损失，只多了一次开口而已”的态度，恐惧的心情会一次次地减弱，自信心就会建立起来。

不会每次夸奖同一件事

生活在这个多元化的社会里，赞美的内容也是多元化的，专业美容师不会每次都夸奖顾客同一件事，因为这样不仅顾客“没有感觉”可能还会觉得你过于“虚情假意”。赞美不是一成不变的例行公事，完全要靠美容师的经验和智慧，视当时的情况临时应变。

专业美容师在接待顾客时会对顾客的面部皮肤身材发型与化妆缺陷进行目测初判，判断顾客可能需要的服务内容，并联想到需要推荐的各种服务组合和产品组合，为下一步接待做好准备。如果是同时接待多人专业美容师会揣测出购买欲望最强，或最容易交流的顾客并尽量与其进行交流。如没有更多的人参与协助接待，专业美容师会促使其中一人接受服务或购买产品在服务过程中进一步带动其她同行人。

诚信地面对顾客

作为消费者，对于不诚信、欺骗的行为是深恶痛绝的，如果美容师在推销的时候，对于产品的疗效或者是功能有不切实际的盲目夸大，也许可以使顾客相信你这一次，但是一旦顾客发觉事实并不是这样，会立刻对这家美容院丧失信心。这样不仅会失去这一个顾客，在无意中还会影响更多的潜在顾客，这样的行为是得不偿失的。

美容院小老板赚钱秘笈

对于美容师来讲，不仅要做一个有专业技能的人，更要做一名受顾客欢迎的人。只有你真诚地对待客户，并为之提供专业、周到的服务，那么顾客就会把你当成信赖的人。

一流美容师善于倾听

许多美容师都非常健谈，她们讲起理来口齿伶俐，滔滔不绝，似乎都是难得的演讲人才。但另一方面，仍有一部分美容师不善于倾听，或者还没有认识到倾听的重要性。作为一个现代社会的美容师，不仅要口齿伶俐，能说善道，而且要善于倾听客户的谈话，及时发现客户的需求与态度。

有经验的美容师都非常注意倾听客户的谈话。美容师如果注意倾听，能避免许多不必要的误解。如果客户误会了你的意思，就能很快地从她的话里反映出来；而如果你误会了客户的意思，你也能从她的话里发现前后相反的意思。遇到这种情况，美容师可以立即纠正客户的误会，向客户做出解释。

美容师注意倾听客户的谈话，能给客户留下良好的印象，与客户保持良好的关系。在倾听客户谈话时，美容师眼睛看着客户，轻轻点头示意，或者用“好、对、嗯、啊”等告诉对方，表示你在认真注意听她讲话。在这种情况下，客户对美容师的印象是非常好的，双方实现有效沟通的机会也多一些。

在大部分美容院让美容师兼做产品销售的时候，就会有这样的现象发生，那些不爱说话的很温和的美容师却最受客户欢迎，客人经常点名要她做美容。她的产品销售业绩不是最好，除非有客人主动要求购买产品，她通常并不主动推销。她在伙伴眼里，是个老实人，但是客户喜欢，为什么？因为她们的服务就是客户要的。安静、专注、有心，客户一切都接收得到，效果好而不令人讨厌。

总试图把自己喜欢的推给客户，忘了客户花钱是要实现她自己的愿望。想通过了解客户的愿望达成自己的提成，却忘记了客户不想在美容时被打搅。急于搞清客户为什么不听自己的，却不明白客户自己说了算，她没有义务必须听你的。特别是在花钱的问题上，客户有决定权。

客户与你的美容院之间的摩擦与误解，会因为你有效的倾听而降低，甚至消除。例如，有的客户一看见美容师，就抱怨美容师所在美容院的服务如何的差，客户还可能列举出许多事实向你抱怨。对待这种客户，你不要认为客户是存心刁难，或者她将与你的美容院断绝来往，事实上她仅仅是抱怨而已。美容师认真地倾听客户的谈话，适时地、恰当地加以解释。只要你以真诚的态度对待客户，认真倾听她的谈话，等她讲完以后，她的抱怨会有很大程度的改善。客户也许会说："其实，你们的产品效果还是蛮有效的，我很喜欢你们的产品。"

作为一位美容师，如能向顾客发出友善、真诚的信号，就容易和顾客沟通、交往，顾客会不断发现您的优点，从而更喜欢您，这就是情绪和行为相应的一种反映。一回生，两回熟。当生客变为熟客时，美容师要学会倾听。

人生不如意的事十有八九，每一个熟客在美容的过程中，会不经意地把自己不顺心的事，向自己信任的美容师倾诉，倾诉是一种情感的排遣方式，也是一种自我心理调节的方法。顾客的倾诉有利消除烦恼、焦虑、忧愤、寂寞的情绪，有利于容貌的改善，提升美容效果，同时也体现出顾客对美容师的信任。

一位有心理学知识的美容师，要学会倾听，善于开导、排解顾客心中的疙瘩，言谈要幽默。幽默是一种文化修养的积累，幽默是心理美容的良方，幽默和风趣的言谈可以给顾客带来愉悦的心情，让顾客带着轻松愉悦的心情离开美容院。

在倾听客户谈话时，应注意做到：

1. 要努力去听、去了解客户。

2. 要让客户把话说完，不要打断客户的谈话。

3. 要善于体会客户的感觉，设身处地替客户想一想。

4. 不要忙着下结论，要完全弄懂对方谈话的全部意思。

5. 接受和关心客户，认真帮助她寻找解决问题的途径。

6. 不要做无关的事情，或面露不耐烦的表情。

7. 不必介意客户谈话的语言和动作特点，应将注意力放在谈话的内容上。

8. 要注意不断将讯息反应给对方，以检验自己的理解是否正确，并引导客户的谈话内容。

9. 倾听客户谈话时，要能控制自己的感情。

10. 不要总想占主导地位，一个总想表现自己的美容师是不会很好地聆听对方的说话的。

当美容师真正能够倾听客户谈话，客户会感到如释重负，她会因为你倾听了她的谈话而感激你，连对你所在美容院的抱怨也会因为而减轻。其次，客户此时比较易于接受改变和更新，这对于营销工作是非常有利的，是沟通的大好时机。

美容院小老板赚钱秘笈

大多美容师都非常健谈，她们讲起理来口齿伶俐，滔滔不尽，似乎都是难得的演讲人才。但另一方面，仍有一部分美容师不善于倾听；或者还没有熟悉到倾听的重要性。作为一个现代社会的美容师，不仅要口齿伶俐，能说善道，更要善于倾听客人的心声。

美容师如何让顾客信赖

当美容师与客户开始接触时，客户不会轻易地相信美容师，会对美容师有高度的戒备。所以，让客户相信并认可是销售成功的基础。

信赖犹如冬天里的暖流，烈日中的清风，能扫除人与人之间的隔阂。信赖在推销过程中是最珍贵的触媒，有了它，顾客不再对您设下防备的栅栏，有了它顾客能坦诚地向您诉说他真正的期望，剩下的总是顾客和您如何共同尽最大努力满足顾客的期望。

那如何才能让客户相信呢？详细如下：

谈谈自己的事

在交谈中，你不妨先谈谈自己，让客户能了解你的背景及生活情形，松懈客户的心理防卫，使彼此的交谈气氛更为融洽。

当客户认为你不过是个不相干的人，或者只是一个美容师时，在她心里已怀有很深的排斥感。其实，客户也希望彼此间能做个朋友，因此，在双方开始接触时，你必须让她对你产生信任，谈谈自己的私事便是最好的方法，一旦对方也谈及她个人的私事时，表示她对你已有相当的好感。

让客户自愿地谈个人的事

在言谈中，你可以问问客户的职业，家人及宠物，只要客户认为你是有诚意的，她必然乐于答复。但如果你的态度是表现出“我们随便聊聊吧！”，那么销售一定失败，因为你的态度让她觉得你是个不可靠的人。

此外，当客户身边有另一人时，你也必须与之寒暄，千万不能忽略他的存在，否则他可能会破坏整个交易计划。

找出共同的话题

与客户初次会面时，你应该找出一些共同的话题，如有关孩子、运动等，先闲聊一会，再进入正题，如此，便能完全瓦解客户的警戒心。

客户若为夫妇，产品说明的内容须适当掌握

与夫妇二人洽谈时，话语要精简扼要，尤其对女性要多下工夫，因为每个丈夫最后总会听从太太的意见，买下太太心里想要的东西。

事实上，即使是只跟太太一人攀谈亦无不可，因为丈夫不可能放任自己的太太跟其他人交谈，他们表面上虽然装着不在乎，但实际上，却是非常专注地倾听着。

不要让客户说“让我考虑考虑吧！”的机会

当你为客户作商品说明时，有一个方法可以阻止客户存有再作考虑的打算。

“您好，A 小姐，我是 BXX，您称呼我小 B，千万别叫我 B 小姐。”这样的态度让客户觉得你并不是在跟她做销售，而是在跟她做朋友，你不必告诉她你所销售的产品是多么好，只要告诉她其他客户为什么会买你的东西，经她仔细盘算后，这笔生意一定能够成交。

在客户的印象中，她只认为听到别人购买的理由，而听不见任何一句促销的字眼，这样可以松懈她的紧张压力，如果这时你说：“如果你想买，当然很好，相反的，如果你不想买……”这种带有询问语气的话，正可刺激她采取购买行动。

而在这关键时刻，你千万不能留有让她感受到你就功败垂成了，你必须一气呵成地说完整句话，让他感受到你坚定的态度。

一般而言，这种以接近客户心理为重点的销售方法非常有效，如果你是使用“你买些东西，好吗？”这样的字句，只有更加强客户的抗拒心理。

总之，在整个洽谈过程中，你的诚恳的态度仍是最重要的。

善于利用客户的情感

如果你能控制交谈的气氛，你便能控制客户的情感，之后，你还应善加运用这种情感，来达到交易的目的。

情感经常是客户行动的推动力，不论是购物的判断，抑或是决定应对的态度，皆由情感出发。

当你诉说过去的悲伤，客户将会陪着你沉缅于回忆中，你的坦诚令她感动，使她乐于与你为友，这种利用感情的谈话是销售的最好方法。

大多数营销书籍中，都会提到尽量避免虚假的情感，虽然，情感是说服他人的一大利器，但虚假、伪装的情感，一旦被人识破，后果将会更为难堪。

此外，情感必须适当运用，否则，反而会使客户心里感到烦乱，这样一来，交易势必失败。如果你的诉诸于情感具有正当理由，她便会因对你产生好感而产生购买行为。随着你的喜悦、悲伤，客户也会表达出她们内心真正的感受。

让顾客信任您的美容技巧，心理上产生对您的信赖，使顾客在日常生活中，保持平和、恬淡、安详的心态。那么，这位顾客除非有一天付不出美容的费用，否则她不会进入您流失顾客的名单。

美容院小老板赚钱秘笈

一名出色、知识面广、风度优雅的美容师，在尊重顾客的隐私的前提下，要通过视觉、听觉、触觉，初步了解顾客的类型和要求，用温和的微笑和顾客沟通。用熟练的美容技巧与广博的美容知识，赢得顾客的信任。

专业美容师更善于营销

专业美容师向顾客推荐服务或产品时，一般会根据目测初判后的针对性试探结果，以及各种已知信息，用自己具备的服务专业知识、产品专业知识，权威性地向顾客推荐适宜的服务或产品。

向顾客出示产品或推荐服务时，专业美容师会先说明该服务或产品对顾客的益处，然后在征得顾客同意的情况下在顾客手上做某个产品的演示。

完成演示后，专业美容师会出示产品质量和使用说明，促进顾客作出决定。另外，专业美容师不会对顾客无限制地推销服务或产品。

专业美容师在推荐服务或产品时，不会过多地介绍服务技能技巧或产品有效成分，而是：立即转到接受服务后的效果或使用后的效果（顾客益处）上面来，灵活运用自己丰富的专业知识，理解顾客的各种顾虑，进行引导性化解。专业美容师要有效处理顾客各种反对意见，扬长避短，不打击别人的服务和产品。

顾客在听了美容师的推荐产品之后，仍旧犹豫不决或即使不下决心。但还没有向美容师明确表示，这时专业美容师就会做进一步的说明和服务工作，以促“成交”。

请求购买法：专业美容师可以直接对顾客说：“叫她们先开了单取来先用上吧？”

选择产品法：让顾客选择购买哪种产品而不是选择买还是不买。专业美容师不会问："您要这个吗？"而会问："您要珍珠美白洁面乳，还是要珍珠养颜洗面奶？美白的可以改善肤色养颜的可以有滋润作用，您要哪一种呢？"

假设顾客购买法：顾客尚未购买皮肤护理下一步将使用的产品时，专业美容师会提前介绍下一步的护理和前后衔接要求，并告诉顾客购买了该品种后将给她做哪些护理，包括哪些手法能给她带来什么好处等。

价格优惠法：当顾客对产品基本满意，可还是犹豫不决时，专业美容师会视促销情况，采用价格优惠或附赠小试用品等办法，鼓励顾客迅速做出购买决定。

最后机会法：提醒顾客马上将进行到下一步了如果跳过去这一步，将不能达到最佳保养效果。

在顾客接受了一项或多项服务后，美容师除了完美地实施服务以外，还要做好扩大服务或扩大销售的工作。当服务扩大以后服务的持续性也得到了保证。所以，在服务过程中我们还要做好同步销售和连带销售的工作。

美容院的收入主要来源于做美容服务但是仅仅靠美容服务来赚取利润，利润来源很单一，另外，技术服务的收入也是很有限的。如果美容师在提供服务的同时，懂得适当销售美容产品，就会毫不费力地取得可观收入。这就是所谓的"同步销售"，即提供技术服务的同时进行其他服务或产品的销售。

例如，某一美容师在做面膜时同顾客交流。

"你一般在家里自己做面膜吗？"

"哦，不，我通常只到美容院来做美容。"

"你知道有一种面膜可以在你吃什么水果或蔬菜，用水果蔬菜的汁来调做面膜内外保养效果特别好吗？"

这样，一步一步深入下去美容师先告诉顾客面膜的常识，再提醒顾客有些面膜是可以自己操作的，而且三四天一次最佳。当你将这种美容面膜介绍出来时，顾客肯定会产生极大兴趣。

举一反三，要推荐祛斑用品时，可从产品入手，转向她的生活习惯，再告之科学的日常保养方法，最后转到祛班用品上来。总之，动一下脑筋，令顾客开开心心地买下你的产品，高高兴兴地离开美容院。下次有新品问世此顾客便是你最可能的买家。

技术过硬的美容师可通过高超技术获得顾客的信任。因此，顾客也会对美容师推荐的产品或服务更为信服。在同步销售过程中，美容师要与顾客随意交流，切记不要将自己的意志强加于人。

“同步销售”是在服务过程中进行的，一般情况下顾客只是达成了购买的意愿，而在服务结束后常常会出现并不购买或托词拒绝的情况。造成这种现象的原因大多是美容师利用服务中的行为和心理优势实施了过度推销。

那么，如何掌握同步销售的尺度呢？

其一是增加其他服务，即在实施的服务以外新增加其他服务项目，如做护理的增加减肥或增加丰胸等。一般只推销新增服务项目的最简化程序或最小化内容，令顾客感觉增加的费用并不太多。

其二是扩大服务内容，即在实施的服务内容内，加入其他服务内容，如做护理的加入增白或加入祛痘等。在这种情况下，一般应该以连带销售方式，立即达成销售。

连带销售是优秀美容师创造销售佳绩的重要手段，必须熟练掌握。

要明白连带销售，先讲个故事。

有一次，小麦在东京逛街看到一家规模很大的店，只卖领带一种产品。当她在门口欣赏橱窗设计时，却惊奇地发现每位走出来的顾客手里都提着大包小包的购物袋。她心里觉得很纳闷，以我们的消费习惯，一次卖个两三条领带就已经很多了怎么可能达到“大包小包”的地步呢？于是她决定进去一探究竟。

日本人的服务态度实在让人感动，一开始先亲切地问候，然后热心地帮她挑选搭配深色西装，浅色西装的领带共三条。包装的时候售货小姐笑嘻嘻地提醒：父亲节快到了，要不要顺便买两条领带送给爸爸呢？”

她这么一提醒，小麦也想到“好像很少送父亲礼物，就趁这个机会表示一下孝心吧。”便请售货小姐再帮挑两条领带。挑好之后，小姐又提醒：那要不要也买两条送给公公呢？”

这个时候，小麦终于知道为什么每个从这里走出去人都提着大包小包了。

美容产品生产企业一般都有不同类型的产品系列，以满足人们的不同需求。大多美容院也配置了不同功能系列、不同皮肤适用系列的产品和服务。

美容师在为顾客服务过程中，以自己具备的丰富的美容知识充分拿出美容权威的姿态来，断然推荐连带产品，常常会获得满意的效果。一般的推荐方法为：

◎针对“配套”使用方面的问题，向顾客提问。

◎点明不配套使用的弊病，引发需求欲望。

◎说明产品连带关系及配套优点，满足顾客需求。

◎视推销的情况，适当介绍连带用品的独立益处。

◎将成套的产品放在顾客面前，并告诉她，只有用这样一套才能够。

根据服务和销售的需要，可同时演示连带产品并作出适当承诺(一般不可把话说得太满)。

美容院小老板赚钱秘笈

营销不是强买强卖，作为美容师需要真心诚意的理解和肯定顾客、仔细聆听和记住对方的需求，在客户面前进行产品的展示和说明，让客户愉快的接受和购买产品或服务。

美容师不可有的坏毛病

一系列销售技巧、经验和美容院支持的结果，应该是美容、美发师和一个个顾客达成合作的圆满事实。这也是一个系统工程，这里面的任何细微处出现了问题，都会直接影响到顾客的离去。所以说，美容、美发师应经常地反思自己，注意克服一些可能导致失去顾客的不良习惯。

过于空谈

有些美容、美发师习惯用书面化的语言、理性的论述进行产品和其他服务的推荐介绍，其结果常常是适得其反。这样很容易使顾客产生晦涩难懂的错觉，美容、美发师说了不少，而顾客听不出个所以然，顾客就会认为达成目标的努力太过艰难，或根本就与这种人有心理距离，因此在这个时候，常常会拒绝美容、美发师的购买产品或接受服务的建议。

喜欢随时反驳

喜欢反驳人，是美容、美发师的一大忌讳。在与顾客交谈时，美容、美发师应鼓励顾客多多发表自己的见解，以便了解顾客的需求，找准适当时机表述自己的意见，或提出解决方案。

如果美容、美发师不断打断顾客说话，并对顾客的每一个异议都振振有词地加以反驳，会使美容、美发师失去在最合适时间内找到顾客真正需要了解的内容。一旦这种反驳引起顾客的不满或反感，容易导致顾客厌烦甚至恼羞成怒，单方中断谈话过程。顾客以这种方式离开美容院，实在是不应该的。

缺乏热情

服务首先是个态度问题。推销是心与心的交流，美容师要用热情感染对方。热情所散发的活力和自信，一定会引起顾客的共鸣。如果过分热情会失去一笔交易，那么不够热情则会失去一百笔。顾客不再光顾有 90%的原因是美容师缺乏热情和礼貌，而不是价格或其它因素。

谈话无重点

有的美容、美发师，自恃懂得很多，在接待顾客的时候，不会察言观色，而是啰啰嗦嗦，该说的说不全，不该说的说个没完没了。顾客和美容、美发师的时间都是宝贵的，在有限的时间里满足不了顾客的要求，顾客一定会很不高兴。不高兴怎么办？一般来讲，顾客选择放弃的想法就很明显了。

如果美容、美发师谈话内容不突出重点，顾客就无法察觉或难以察觉你的意思，也就无从谈起满足美容、美发师的要求了。

有的顾客甚至会认为美容、美发师对他重视不够、准备不足，将导致其取消购买产品或接受服务的念头。

言不由衷地恭维

“拍马屁拍到了马蹄子上”，是令人啼笑皆非的事情。对待顾客也是如此。美容、美发师应该对顾客坦诚相待，充分尊重顾客对市场、对产品所发表的个人意见，顾客说一些家长里短的话也可以谦虚地附和。不过要把握一定的尺度。

如果完全为了取悦顾客，以求得到一笔交易而进行肉麻的恭维，顾客是能够听出来的。顾客会认为美容、美发师是言不由衷，甚至认为不尊重自己，就会降低顾客对美容、美发师以及所推销产品及服务的信任度。影响以后继续消费的欲望。

懒惰

怀才不遇、丧失信心、没有目标、孤独等都有可能对美容、美发师造成懒惰，懒惰是要不得的。

作为一名美容、美发师，当然也会有许多独处的机会。老板不会也不可能随时随地检查美容、美发师的工作，这就要看美容、美发师个人自律情况了。懒惰的美容、美发师，在这个时候常常有懒惰的举动，比如打盹、扯闲话等。长此以往，懒惰只能给美容、美发师带来更多更大的失败。

只有不断地努力进取，美容、美发师的业绩才会逐步上升。取得成功是克服懒惰的最好办法，而有很强的自律意识则是保证成功的前提条件。

不思进取

从整体来讲，美容、美发师的文化素质相对较低。尽管有一些美容、美发师拥有非常丰富的实际操作经验，但从发展的眼光看，这些经验往往不适应行业的发展。比如按摩手法会不断地变化，新问世产品的成分及操作手法，产品的营销手段，顾客行为的变化等，这一切都要求美容、美发师必须不断加强学习。靠吃老本儿是不行的，迟早逃脱不了被淘汰的命运。

美容、美发师必须不断地加强学习，不断地提高专业素质，才能保住饭碗，争取更大的成功。

一个高明的美容院的老板，一定会想尽一切办法来培养和使用美发师的。因为这个老板深深地懂得美容、美发师的重要，没有几名出色的美容、美发师压台坐镇，店铺是不会有利可图的。正因为有了出色的美容、美发师，才有了源源不断的顾客；有了源源不断的顾客，才有了滚滚不竭的财源。

美容院小老板赚钱秘笈

美容师想要受到顾客的欢迎就要有良好的习惯和专业的素质，不要因为自己一时的小毛病导致推销的失败。

美容院如何留住美容师

人才外流，如同资金流失。是哪些因素造成美容师纷纷出走？有哪些方法，可以留住顾客的心？相信这是美容业经营者最为关心的问题。

美容师流失的原因

1. 福利不佳，无保障

美容师属专业人才，但相对的工作，有时并未获得相应的回报。美容师的待遇少有调薪、年终奖金等制度，且多半无劳保，在劳资意识抬头的今天，难怪美容师会跳槽。

薪酬福利是很多人都不愿意谈的一个敏感性话题，但不能否认员工对它的在意。很多医学院的毕业生在就业应聘的时候，对薪资待遇、社保等比较关注。现代社会竞争越来越激烈，生存压力越来越大。钱不是万能的，但人要活着，少了钱这个物质基础却是万万不能的。所以，以“薪酬吸引人才”这一招屡试不爽。

2. 工作氛围不好

据统计，美容师平均一天工作约 8–10 小时，月休 2–4 天，而人体以一天工作 8 小时为适。美容工作大多一成不变，终日在美容室内打转，在单调中面对冗长的时间，就更让美容师感到度日如年，而急于跳槽。

一个店的业绩好坏也取决于团队的氛围，一个积极的氛围就算业绩不是最好，但她们的每一位成员都很快乐，很开心地做每一天的工作，人员就比较稳定。员工特别是老员工拉帮结派、排除异己，比较有影响力的员工心里对企业、对老板的不满，员工之间因为利益发生纠纷，小事处理不当矛盾升级，上下级沟通不畅……这些都是和谐氛围的“定时炸弹”。

3. 工作环境不佳，无升迁机会

一般公司注重门面，环境的装饰，并未激励自身或优秀员工，而予以升职调任。反而模式却经常与茶水、洗刷、蒸烫为伍，几乎无升迁机会。想突破，只有另起炉灶。

美容行业进入门槛低，许多经营者本身素质也不是很高，加上多数规模也不大，经营者只注重眼前利益，缺乏长远的企业规划，员工既感觉不到企业的前景也看不到自己的前途，为日后长远作打算，只要有机会就另谋高就了。

4. 认为创业容易

眼见店内的顾客络绎不绝，在“宁为鸡首，不为牛尾”的心态下，不少美容师也想另立门户。

5. 人际关系不佳

亲兄弟，有时也起争执，更何况是朋友、同事，在同一工作环境下，合作的关系固然亲密，然而为了一己之利而与人僵持不下，也是屡见不鲜的。同事不和也是造成人员流失的重要原因。

6. 美容同业挖墙角

角逐在金钱的游戏中，人往往沦为被操纵者，同业之间有时为了扩大声势，会运用各种手段互相挖墙角，美容师就顺理成章成了流动人口。

7. 无合约牵制

少了一纸合约，许多人就朝秦暮楚，心有旁骛。若有约在身，至少能降低任意流动的意愿。

8. 工作缺乏挑战性

一般美容师的年龄多半在 20 ~ 30 岁之间，每天面对不同的人却要说相似的话，当他们熟悉工作的技巧之后，往往希望接受新的挑战，对他们来说太过轻易的工作，反而不值得留恋了。

9. 职业倦怠，弹性疲乏

在讲求多变的今日，许多人耐不住单调的模式，再加上没有在职训练的技术充电，美容师容易有求去之念。这种意识的力量，并非金钱能左右。

10. 追求自我突破

个人所学毕竟有限，当他发现变不出新的样式，而继续留下来学不到新技术时，便会考虑另谋发展，以求突破。

综观当前美容界人才流失之弊端，业者当进行规划、整顿，以慰留人才，舒解其心结！

美容院留住美容师的方法

1. 真诚与关怀

精诚所致，金石为开，人之相处尤重坦诚，现今个人主义浓重，人与人之间的疏离感更为明显。许多美容师为了工作而远离家乡，若老板能给予生活上和工作上的指导，注重其情绪变化，适时辅导他们。则容易建立员工以店为家的共识，增加内部和谐气氛。

2. 加强福利设施

工资是工作的回馈，合理的待遇能增加工作的热忱，而节庆的赠礼，有时也颇能温暖员工的心。若能申请劳动保险，或按年资核发年终奖金，或招待资深员工参加旅游，无疑更能稳定美容师留任的意愿。

3. 完善的奖励制度

对于美容师的工作予以考核，依能力表现给予精神上或物质上的鼓励，这是直接激励工作士气的方法之一。受奖者会因此而有“被肯定、被重视”的感觉，对工作自然不敢掉以轻心。其他员工，也会因此而受到促动，不断完善自己。而其中重要的是奖励制度要公平、明确。

4. 实施在职培训

定期或不定期举办美容发表会专题讨论，能让美容师汲取新知，交换工作经验，对于增进专业素养，有相当的帮助，在技术运用上可做良性的循环。

5. 允许员工持股

大多数的员工，不论年资深浅，都有为人做嫁衣的感觉。不论是否独当一面，而终究觉得受制于人，认为成就与荣耀属于老板。即使待遇优厚，但在心态上仍觉得只是过路客。因此。老板若能将一部分股权转让给员工持握，必然会唤回美容师成风而去的心。

6. 合理的休假制度

美容业和一般的上班族相比较，工作时数有过之而无不及，一般的节假日，往往是美容业做繁忙的时刻，员工休假只能以轮休的方式进行，这常对美容师的社交活动造成不便。因此适度地调配人才，以求实效，让美容师能获得合理的身心调适，必能在面对顾客时神采奕奕。

7. 储备干部

未雨绸缪一直是智者的策略，许多突发事件也非常人所能把握，平常在美容院预留几名实习生，让他们在工作中学习，采取渐进的方式熟悉所有运作。通常实习生待遇不高，不至于对老板造成压力，而一旦面临人员不够的情况，这些储备人员，即能发挥替补的功能。

8. 增加生活情趣

生活是一种艺术，在工作中伴随一些音乐，偶尔更换一些摆设，添置一些花草装饰或邀约员工一同逛街、购物、喝茶、看电影，甚至为员工庆生日、举办聚餐、联欢等活动，以丰富员工的心灵世界，从而减少员工对工作的乏味感。

9. 完整的合约

合约在经济社会中，扮演着“承诺”的角色，雇主双方若能制定合理的互相关系，并订为彼此遵守之契约，则对雇主双方都是一种保障。在了解人才流失的因素后，只要经营者能够找准病因，对症下药，自然可以坐拥众将，高枕无忧了。

美容院小老板赚钱秘笈

人才的流失就是财富的流失。许多美容院员工离职的原因往往是多重的，所以防止员工流失，还需要经营者从各方面进行防范。

第八章

管理者必备的素质和能力

作为企业中一名合格的管理者，应当具备多方面的素质，不但包含个人基本素质，如高尚的品牌与情操、完善的知识结构、强健的体魄等。还应具备专业的素质，如良好的沟通、团队合作精神、决策力和规划力、良好的应变能力、勇于担当、敢于创新等能力。

你是否有当老板的潜力

作为美容院的管理者为了获得成功，你必须对你所作的选择充满热情，不冷不热是不足以支撑你面对创业之初的各种挑战的。开办自己的美容院需要投入大量的精力和时间，你是否有把握能放弃你的大部分私人生活，因为为了使美容院成功发展，你需要投入你的大部分(甚至全部)精力，美容院的营业时间会一直持续到深夜，周末永远是工作比较繁忙的时候。

所以，在开美容院之前问自己，您是否具备成为企业家的条件。你是否拥有一个管理者应具备的能力和素质呢?

下面我们向您介绍，作为一名管理者必须具备的能力和素质。

激励的能力

优秀的管理者不仅要善于激励员工，还要善于自我激励。要让员工充分的发挥自己的才能努力去工作，就要把员工的要我去做变成我要去做，实现这种转变的最佳方法就是对员工进行激励。如果我们用激励的方式而非命令的方式向员工安排工作，更能使员工体会到自己的重要性和工作的成就感。

作为一个管理者，特别是高层管理者，每天有很多繁杂的事务，及大量棘手的事情需要解决，另外，还要思考公司的发展和未来。管理者的压力可想而知。自我激励是缓解这种压力的重要手段。通过自我激励的方式，可以把压力转化成动力，增强工作成功的信心。

控制情绪的能力

一个成熟的领导者应该有很强的情绪控制能力。当一个领导者情绪很糟的时候，很少有下属敢汇报工作，因为担心他的坏情绪会影响到对工作和自己的评价，这是很自然的。

一个高层管理者情绪的好坏，甚至可以影响到整个公司的气氛。如果他经常由于一些事情控制不了自己的情绪，有可能会影响到公司的整个效率。

从这点意义上讲，当你成为一个管理者的时候，你的情绪已经不单单是自己私人的事情了，他会影响到你的下属及其他部门的员工。而你的职务越高，这种影响力越大。

幽默的能力

幽默能使人感到亲切。幽默的管理者能使他的下属体会到工作的愉悦。管理者进行管理的目的是为了使他的下属能够准确、高效的完成工作。轻松的工作气氛有助于达到这种效果，幽默可以使工作气氛变得轻松。

在一些令人尴尬的场合，恰当的幽默也可以气氛顿时变得轻松起来。可以利用幽默批评下属，这样不会使下属感到难堪。当然，对于那些悟性较差或顽固不化的人，幽默往往起不了作用。幽默不是天生的，幽默是可以培养的。再呆板的人，只要自己努力都可以逐渐变得幽默起来。

演讲的能力

优秀的领导者都有很好的演讲能力，特别是那些著名的政治家，无一例外是演讲的高手。演讲的作用在于让他人明白自己的观点，并鼓动他人认同这些观点。从这点出发，任何一名管理者都应该学会利用演讲表达自己。管理者演讲的对象不一定是很多人，可能仅仅是自己个别的下属；演讲的场所不一定是在会场上，很可能是在与下属沟通时。演讲的意义并不局限于演讲本身，演讲可以改善口头表达能力、增强自信、提高反映能力。这些素质会使你在对外交往和管理下属时使自己游刃有余。

倾听的能力

很多管理者都有这样的体会，一位因感到自己待遇不公而愤愤不平的员工找你评理，你只需认真地听他倾诉，当他倾诉完时，心情就会平静许多，甚至不需你作出什么决定来解决此事。每个人都认为自己的声音是最重要的、最动听的，并且每个人都有迫不及待表达自己的愿望。在这种情况下，友善的倾听者自然成为最受欢迎的人。

出色管理者应该具备的十大素质：

处事冷静，但不优柔寡断

出色管理者都具有处事冷静的特点，他们善于考虑事情的多个方面或问题涉及的各利害关系方，不易冲动行事。

优秀管理者虽然处事冷静，但并不优柔寡断，他们往往会在周密思考后果断作出决定或清晰地阐明自己的观点。

具有这种特征的管理者往往能使事情或问题得到比较妥当的处理，同时又有利于形成良好的人际关系。

关注细节，但不拘泥于小节

出色管理者善于关注事情的细节，善于留意观察身边的人和事。他们善于抓住问题的要害，善于将问题“扼杀”在萌芽状态。

出色管理者虽然善于关注细节，但他们不会过分拘泥于小节，不会在意别人的一点小过错或小过失。

具有这种特征的管理者往往能大幅度减少“问题”的发生，日常管理工作也会井然有序。

协商安排工作，绝少发号施令

管理者不是发号施令的“监工”。一个能让下属主动“追随”的管理者，依赖的是他（她）的个人魅力和领导力，而不是他（她）手中的“权利”。

出色的管理者绝少对下属发号施令，他们往往采用和下属商量的方式布置和安排工作。

具有这种特征的管理者往往能让下属真正“心甘情愿”地完成好被安排的任务，这样的管理者也往往能营造出和谐团结的团队氛围。

关爱下属，懂得惜才爱才

出色管理者善于尊重和关爱下属，他们往往视同事如“兄弟”，懂得怎样去珍惜和爱护与自己朝夕相处、共同拼搏的“战友”。

具有这样特征的管理者往往会让下属有一种“如家”的感觉，无形中也让大家更积极、更主动、更无怨无悔地付出。

对人宽容，甘于忍让

出色管理者胸怀宽广，对人宽容、甘于忍让，他们善于将心比心，善于考虑别人的难处和利益，善于“挖起荆棘并种下玫瑰”。

具有这种特征的管理者往往易于形成良好的人际关系，并往往能在需要时，得到别人最真诚的支持和帮助。

严以律己，以行动服人

出色管理者不会让自己独立于各种规章制度之外，他们往往身体力行、为人表率，用自己的实际行动来影响和带动身边的人。

具有这种特征的管理者往往“其身正，不令而行”。

为人正直，表里如一

出色管理者为人正直、表里如一。他们往往对人一视同仁、处事公平公正。没有暗箱操作；也不会当面“抹蜜饯”，背后“捅刀子”。

具有这种特征的管理者往往使人有“安全感”并能得到别人充分的信任。

美容院小老板赚钱秘笈

一个优秀的领导者应该聪明，有智慧，有能力，这是领导者之所以优秀的基础，是领导者个人权威的本质体现。

管理者要注意的十个细节

管理者每天要处理很多的事情，但是一些管理的细节也不能忽视，如果只抓所谓的大局而忽略了这些细节，那么你也不会成为成功的管理者。

不要显示你是至高无上的，要下属对你佩服就要对下属越加尊重，关怀。

清晰表达你的工作指令

作为一位管理者与下属的良好沟通是其基本素质之一，但很多管理者跟下属沟通事项时，对所要执行的项目沟通含糊，目的、用途、方法、注意事项等重要要素交代不清，下属按着他沟通的思路执行，而结果却是错误的。怪下属吗？不是的，应该怪管理者没有做到良好的沟通。例如，一位企划部门经理跟设计人员交代设计包装物，用途、规格、材料、设计风格、构思方向、色调等没有非常精准地传达到位，结果设计出来的稿件反复修改，既浪费人力资源成本，又影响进度。再如，对外购买产品时，交代下属执行，更一定得沟通细致，才能保证对方生产出来的是符合本公司所要求的产品。所以清晰表达你的工作指令是极其重要的。

别在上司面前说下属的不是

在工作过程中，总会出现一些不可避免的错误，作为管理者理应勇于承担责任，从中吸取教训，避免下次再患。但实现工作中，很多管理者处理危机能力和担当意识不强，推脱责任的能力倒挺强，事情搞砸了，很习惯性地在上司面前说这件事是下属某某做的，他没有按我的意思做，我原本要求他这样的他自作聪明等等。这种管理者已经习惯将责任推得一干二净，或推给下属或推给兄弟部门。这样的管理者至少说明他在心理素质、情操、应变能力以及担当等方面的素质相去甚远。久而久之，下属也会人心涣散，离他而去。而在睿智的上司眼里，你同样是一位不合格的管理者。

不要漠视员工的意见

工作中，当员工向管理者提意见时，有的管理者漠视下属意见，或是还在做着自己手头的事，“嗯、哼”回答着。这样的管理者缺少基本尊重他人的素质，认为下属的能力和见识不如自己，听不听无所谓。正确的做法，应该是放下手头的工作，认真倾听下属的意见，懂得充分尊重他人，对于下属正常的意见虚心接受、对于不正确的意见或是下属因为见识和能力所限没有意识到的错误诚恳地提出来并与之交流，让他从每一次的沟通中得到更大的进步。

别让员工无休止的等待

笔者见识过这样一位管理者，因为处理事情态度极其认真，下属呈递到他面前的材料，往往因为做其它事情而耽搁或是思前想后，有时数天都不见回复，而有一些项目又有很强的时效性，下属催过一次、两次以后还没有结果就会陷入尴尬境地，不催怕误事，再催又怕有催领导做事的不好印象，所以管理者必须避免这样的事情出现。

别在下班时临时叫员工加班

常听到有人这样抱怨，说自己的领导经常在快下班的时候临时找自己做事，或者突然宣布今晚要加班。结果下属原先安排好晚上个人的计划全部因为管理者一句话而改变或取消，久而久之下属对管理者的能力就会有不同的看法和意见。

且不说管理者规划力、策划力如何，至少连基本的计划性都很差。

为员工的错误把关

管理者必须为自己下属所执行的事务进行全面把关，比如在执行项目过程中经常询问是否需要帮忙，有什么困难，积极参与协调等。例如，你的下属为活动做了一份策划书，很多管理者拿过来粗粗一看，便递呈更高的领导，结果稿件里有错别字出现，有些地方思路不够缜密，执行方案可行性不强，想法天马行空等。这样的策划书递上去，十有八九会被退回来，所以管理者当好自己管理范围内的把关者的角色很重要，要让错误消灭在部门之内。

多鼓励员工

下属在执行管理者的指令中辛勤工作，付出的精力和汗水管理者应当时刻放在心里，做得好的地方，应不吝多鼓励和表扬。其实作为下属，能得到上司的表扬比物质的奖励更容易满足，更能激发工作动力。

不要踏着下属的肩膀向上爬

下属是你的工作拍档，开发市场没有你的下属你也独力难支。经常假借公司制度之名去欺压下属，并不是一个开明上司所为。下属有困难，必须要帮助他去解决。跟公司政策有冲突时，要懂得平衡去解决问题。这才令下属心悦诚服的去听命于你，日后你对他指挥工作定必更得心应手。

不要对下属乱打保票

跟下属保证一件事时，不要信口开河。到关键时刻就装作聋扮哑！你只会让下属看清楚你的丑恶的嘴脸。日子久了，你只会做成下属对你事事敷衍。养兵千日用在一朝的功用就起不了作用了。在关键时刻，他不会帮你的。你是慢性的自掘坟墓。要打保票就必须看自己的实际能力去做，到时必须要对下属实现。他自然慢慢成为你的忠心助手。

美容院小老板赚钱秘笈

细节作为容易为大多数人所忽略的东西，却往往是注意细节者成功的独门武器。尤其是对身为管理者的人来说，他们因此而成了资深而优秀的管理人才。任何优秀的组织都是从小事开始的，细节虽小，但它的力量却是难以估量的。

老板要从自身做起

德鲁克讲："管理者的本质就是自我管理"。管理者搞好自我管理，是管好别人的前提条件。所以，想要开一家成功的美容院，老板一定要学会自我管理，提升自我价值。

古人说："正心、诚意、修身、齐家、治国、平天下"。就是说我们在管理大事之前要先学会如何管理自己。每一件事情都有它规则和解决的技巧，正如一件件的小事构成了一个完整的人生宽度，对每一个管理的细节的体会成就了人生高度。的确，"正人正心，修人修己"我们在成为一个优秀的管理人员之前先处理好自己的生活，使它有轻有重，条理分明。如果连自己的生活都搞的一团糟，那就更不用说管理别人，其结果可想而知。

为什么多数企业管理效益低下，其实不是员工出了问题，而是管理者自身出了问题，管理人员对管理工作的认识有误。

优秀的管理是以德服人，以理服人，以能服人。他的管理原则必须是先管好自己，然后再影响别人。好的管理者必须是人品正直，作风正派，业绩良好，能力卓越。也许我这个要求有点高，但是企业必须这样做。因为管理者是楷模，是标杆，是榜样，他是中的核心成员，管理者的一言一行将直接影响员工的思想品德，工作情绪。如果企业管理者没有选好，那么整个团队都会遭殃。所以企业管理实质上是管理者的管理，员工的好坏都是由管理者好坏所决定的。一家企业只要管理者没有问题，企业就不会有问题。

作为企业和团队的主心骨与领导者，要想管理好别人，必须首先管理好自己；要想领导好别人，必须首先领导好自己。对于自我管理的问题，诙谐作家杰克森·布朗曾经有过一个有趣的比喻："缺少了自我管理的才华，就好像穿上溜冰鞋的八爪鱼。眼看动作不断可是却搞不清楚到底是往前、往后，还是原地打转。"如果你知道自己确实有几分才华和能力，而且又确实干了不少活儿，但却总是看不见太多的成果，职业生涯总是不怎么顺利，那么你很可能就是缺少自我约束与自我管理的能力。

成为卓有成效的管理者是每一个经理人的职业梦想，也是每一个经理人的核心竞争力之所在。卓有成效并不是商业天才和商业领袖们的专利，只要我们运用正确的理念和方法，清晰地认识自己、有效地管理自己、不断地提升自己，我们就能够成为一个受上司赏识、受下属尊敬、受同事喜欢、受市场欢迎、受家庭支持的经理人。

那么，管理者应该如何加强自我管理？概括起来有以下几个方面：

1. 自身定位管理。"屁股决定脑袋"就是说你现在坐在什么位子上，你就要在什么位子上进行思考、行动和定位。经理人必须实现由"业余选手"向"职业选手"的转变，必须正确处理自己与职业市场、与企业、与老板、与同事和下属的关系，弄清"我是谁？""我现在在哪里？"的问题。

2. 目标管理。目标决定成功，经理人要将自己的职业目标与人生目标有机地结合起来，并在个人发展（健康与能力）、事业经济（理财与事业）、兴趣爱好（休闲与心灵）、和谐关系（家庭与人脉）四个部分和八个方面实现协调与平衡，体察生命的真义，活出精彩的自己。

3. 时间管理。人生管理实质上就是时间管理，时间的稀缺性体现了生命的有限性。卓有成效的管理者要最终表现在时间管理上，表现在能否科学的分析时间、利用时间、管理时间、节约时间，进而在有限的时间里，创造自身职业价值的最大化。

4. 率先进行自我启发：榜样的力量是无穷的，只要能以身作则，就是有说服力的管理者。

5. 行动富有活力：行动不是懒洋洋的，态度不是忽冷忽热，而是随时充满激情，表现出自己内在的充实程度，这会给员工潜移默化的影响。

6. 善于照顾他人：不要等到员工犯错误时才走出来罚款。在员工需要的时候提供帮助，会让管理者赢得员工的信任。人会对有难时曾帮助过自己的人产生无比的好感。

7. 彻底观察下属的心理，而不是让自己的情绪成为员工的风向标：严厉不等于权威，只有令人心服口服才能赢得下属的心。

8. 受到部属的信赖：工作绩效高（低），部属的信赖度也高（低），要做到业绩和服务态度都成为员工的样板。

9. 具备领导力：主管应成为部属愿意追随的领导者，没有人天生就会跟随你，员工要从心里认同后才会对主管采取信任的行动。领导力实际上是我们对员工的影响力。

10. 不包庇不袒护：女性下属对上司的包庇、袒护相当敏感，而美容院的女性环境又容易引发大面积的情绪反应。这时，公正就变得十分重要。

11. 工作态度积极：希望“工作”，将工作视为管理业务之一，而不是把自己同普通员工分开。

美容院小老板赚钱秘笈

作为一家美容院的老板，要认识到自我管理的重要性，在平时的工作中强化自我管理意识，修炼自我管理习惯，提升自我管理能力。

优秀的美容院店长什么样

美容院的店长要想成长为优秀的管理者，没有实践经验不行，一个优秀的美容院店长也要在工作中寻找自己的成长空间。

在现在中，有很多美容院的老板缺乏管理意识，更不知道如何管理自己的美容院。他们有的人只看眼前不看长远，一味用打折来拉新客户，却把老客户丢在脑后。同伴做什么，马上跟进，不问条件，不讲环境。结果，50 平方米的小店也搞 SPA。

有的美容院老板喜欢投机取巧，做什么都看样板，别人先做了再跟进。讲究不花钱免费试做，结果，引得各种投机分子如鱼得水。专门用免费和低价让美容院老板加盟，结果，小美容院成了各种产品仪器的实验场。

这样的美容院不仅很难很难发展，如果不及时调整管理理念，将会面临倒闭的可能。作为一名优秀的美容院店长要有前瞻性，对于美容行业、自己企业有一定的掌握，更要有丰富的管理经验。

建立责任经营的观念

知道老板把美容院交给自己打理，一定是自己的责任心能够让她放心。这是一个老板投资，我们学习的最佳机会。在赚着工资和奖金的同时学习管理，机会难得，值得珍重。重用是看重，而不是老板离开我们就不行。

以成长来评估经营绩效

不要把业绩当成自然成长的数字，而要对自己实施管理有足够的计划实现管理目标。美容院的管理就落在客户增长和销售额增长上。顺水推舟的工作，只靠赠送和推广达成的业绩有时是不实际的数字。因为推广的低价位会令美容院丧失利润，比不推广还糟。

控制成本的能力

要有成本控制包括美容院经营费用、美容用品成本、员工工资、其它额外开支等，其中经营费用包括固定开支房租、员工工资、仪器折旧费等。与非固定开支（包括水、电、煤气费、税金、其它额外开支等）只有同样的服务同样的品质，情况下你的成本比别人底你才有竞争优势。成本就象洗过脸的毛巾那水拧出来的。

承受力和抗压力

作为一名店长必须要有承受力和抗压力的能力。在受到老板的不理解和顾客的委屈时，必须要学会调整自己的心态。一切发生都是正常的，选择店长这一角色必然会遇到一些受委屈的事情。不能及时调整自己的心态将会导致情绪的波动。情绪一波动就会影响美容师的心情。这样整个美容院的气氛就会异常。这就我们常说的情商管理。当美容师做错事的时侯不要当面指责他们，但是一定要及时纠正，不然美容师与你之间就会却少沟通。

要有工作计划及目标设定

要设定年度目标，季度目标，月目标，周目标甚至到每日目标。有了目标之后我们要好的计划去实现，把每个阶段目标分到每个人身上。根据每个美容师的实际情况她应有的客户多少，客户消费能力以及个人能力分摊不同的目标任务。同时店里为达到目标有那些支持，一年做有几次活动。每次活动的目的是什么？需要那些方面支持，每一次活动成本在控制多少，要达到多少营业额等！只要目标越明确计划越详细成功的机率就越高。

落实追踪才能掌握成果

要想达成业绩和利润的双层提高，店长要善于动员全美容院的人员参与到服务品质的创建上来。并能通过自己的跟进使每一项具体工作落到实处。只有过程正确，结果才会是我们想要的。

忠诚至上敬业第一

在美容院，一个优秀的店长要为所有员工做出榜样，在所有事件上堪为楷模，并能以美容院为重，才能服众。最怕当面一套，背后一套，或把一切管理奖惩中的奖励部分说成是自己的决定，把扣分说成是美容院定的，言外之意是老板的意思。这样只能令我们丧失威信。我们的敬业要表现在对管理上的尽责，也就体现了对员工的公平。

事情的轻重缓急有先后

好的店长要对员工一视同仁，员工不愿做的，自己能顶上，然后能说服员工接受这个工作，并最终能因人施教，帮助员工找到自己最喜欢做的工作。在每天发生的大小事情中，能分出轻重缓急，而不是急急忙忙地每天干不完，脾气因此很大很坏。或者是自己喜欢的就多干些，不喜欢的就不干。

善用组织来达成目标

不要怕教别人累而什么都自己亲自做，优秀的领导总是善于教手下方法从而提高忠诚的部下的能力。能利用所有人的才能使美容院的业绩蒸蒸上，而不是离开自己就不行的个人英雄主义。优秀店长的工作应多发现别人的优点，也别忘记检讨自己的缺点。店长要在工作中表现谦虚的人品，不要吝惜对部属的赞美。学会表扬部属，就是善于激励别人，如果在表扬中能及时指出员工的优秀之处，那我们相信，该员工能感受到店长的水平。不要员工平时工作做得好就认为是应该的，一出错误就立刻批评。优秀的店长要善于在员工出错时，先检讨自己管理和辅导不够的责任，然后再与员工探讨改进方法。

美容院小老板赚钱秘笈

店长是在老板与员工之间的一个桥梁。要具备良好的沟通与协调及良好的专业知识能力，才能更好的起到承上启下作用。不但要对自己的店里了解同时，还要对周围的店和美容行业市场有一定得了解及认识。

老板要学会精打细算

对美容店来说。不会理财是不可能赚钱的，即便赚到了钱，也会因为没有好好地计划而出现赤字。会理财的老板就会成为富老板，反之就会成为穷老板。因此，一个美容院能否真正地科学理财，是决定其能否赚钱的关键。

千万不要以为美容院是一个暴利行业，可以大把大把地花钱。美容院一般都是小本经营的，合理的赢利范围系数(毛利率)也就在30%以内。一般情况下，如果美容院的进货成本是总营业额的30%，则店内其他经营成本应该占营业额的40%比较合适。这40%的成本支出主要体现在店面租金、店员工资、设备折旧、装修折旧、公关费用、税金、水电费及其他损耗等方面。因此，精打细算、合理规划才是控制成本的关键。

做好开支预算

美容院一定要做好开支预算，不该花的就一定不去花，把钱花到最值得花的地方，能省则省是节约开销的有效方法。

有一家2000平方米的大型美容店，年收入在400万~500万元之间。该美容店每月花10万元用于广告支出，也已经成为惯例。老板觉得这里面仍然有很大的潜力可挖，就组织人反复比较记录和分析各媒体的广告效果，最后敲定还是地方台的消费指南栏目的广告效果最好，因此决定取消其他广告支出，重点策划这档广告。结果不但取得了显著的效果，而且每月减少了 5 万元的广告费用。

还是这家美客院，把每年节约广告费用的 60 万元，用来引进了新的仪器，每月该仪器的使用效率非常高，由此新项目所提升的业绩也是十分可观。如此良性循环，这家美容发店的生意一直呈现火暴的势头。

从这个例子可以看出，只要动脑筋想办法，开源节流，很好地控制预算支出，其效果是非常明显的。

保证花钱程序化

美容院在花钱的时候，一定有慎重。

有一些美容院，花钱大手大脚的原因就是想花就花，反正老板同意，到柜台拿钱就走，回来对上账就可以。这里需要说明的就是，有些店员只是从自己的角度出发，没有全局意识，无形中也许会有重复浪费的可能。其次，如果店员觉得花钱很随意，自己很有可能在花钱问题上就不负责任了。

必须建立支出审批制度，千万不要怕烦琐，要有专门人员审核，保证花钱程序化。

合理压缩库存

美容院对库存情况一定有一个合理的规划，尽量控制存货量不要超出一定的范围。任何产品都有一个保存期，存放时间过长或没有良好的仓储环境则会使产品过期变质。产品使用应遵循先进先出的原则。对一些储备条件苛刻的产品，除了必备的以外，最好是极少或没有库存。

美容院在准备订货之前，必须对库存情况进行一次全面彻底的盘点统计，尽最大限度压低库存之后再下订单。除了一些比较常用的产品或必需品以外，其他产品库存如果没有特殊情况均要压缩到最低。

保持人手紧张

聪明的老板在用人方面很有策略，就是闲时不闲，忙时也井然有序，几乎没有闲人。

美容院的工作时间也有忙闲之分。忙的时候也就是顾客多的时候，店员各司其职，专心工作。一般都是晚班时间或节假日，客人相对集中，令店铺应接不暇，这时就显得人手很紧张；第二种情况就是在早班的时候，来的顾客极少，店员很清闲，这种情况又该怎么办？

忙的时候就不用说了，在顾客稀少的松散时间，让店员做点什么好呢？其实，太闲了店员也不愿意，没有生意自己的收入也受到了影响。关键是利用这段时间做什么，于是有些美容院就利用这一段时间让店员建立起和顾客的有效联系，使上午的空闲时间成为预约顾客的最佳时机；还有些老板组织店员进行业务培训。如此，就很好地解决了时间空闲的问题。

减少浪费和损耗

为了有效地减少浪费和损耗，美容院老板应在产品使用分量和其他用品上合理分配。美容师或相关人员按规定领取自己的用品。不能一次使用完的，每日都应做好领出存放登记，减少多领货的浪费现象。

美容院还应设立成本分析表，主要是统计分析每日成本和累积成本的实际发生情况。每日成本是指当日的花销和营业额，累积成本则是反映当月的美容、美发中心总的收支情况。

美容院在经营状况良好的情况下，对一些细小环节的管理往往就松懈了，这是要不得的。要知道，就是这些细小环节的疏忽，极有可能产生很大的浪费。所以，不管在什么时候，都要做到精打细算。比如，对水、电等资源的控制；对办公用品的控制；对礼品、赠品的控制；对仪器消耗的控制等都减少到最低。

美容店经营者之所以会成功，是因为她们控制好了美容连锁店的成本及支出。她们只购买实际所需的东西，雇用娴熟的美容师，绝不随意浪费资源，保持健全的财务运作并力求精确及完整的记录。她们不停地分析她们的事业，确切地了解哪几项产品及服务有获利？哪些没有获利？然后再将这些未获利的产品予以改善或更换，以求符合获利之要求。

美容院小老板赚钱秘笈

任何老板经营公司的目的都是赚钱，当然业绩突出是赚钱的主要方式。但是作为刚创业的小老板来说，学会精打细算，控制成本也是赚钱的有效方式。

购买设备需要专业

美容院基础设备是开美容院的首要条件和前提，也是美容院前期的一大笔资金投入。那么，应该如何选购美容院基础设备呢？

合理选购美容床

美容床主要有电动美容床和自动美容床两种。时下，自动美容床已经是优势不在了，虽然它比较稳固，价格也偏低，但是大多数美容院还是选择使用电动美容床。因为，电动美容床有自动美容床无法可比的优势。比如功能多、操作灵活等。

应该值得注意的是，虽然一些豪华大气的美容床，一般都会有 3–4 个马达能够进行工作，美容床的床面还具有供热功能，但很多的美容院都选择弃之不用。一方面，是价格高得惊人；另一方面，也是其他功能所用无几。一项统计资料显示，越来越多的美容院对具备一个马达 (用以调整高度) 的美容床产生的兴趣非常浓厚，纷纷购买使用。因为这种美容床对背部不会造成伤害。

好马配好鞍，美容床还应配备一块质量上乘的软垫。这块软垫必须合乎人体结构学，而且可以单独清洗和消毒。这样一来，顾客才能舒舒服服全身放松地躺在上面，而美容师在工作时也才不会受到干扰，可以安心地为顾客服务。

一定要记住，在购买美容床的时候，一定要问清楚售后服务、维修、配件运送等一系列问题，免得到了美容床发生故障或出于某种原因而无法使用时，令人措手不及。

合理选购工作椅

美容院在工作椅的选择上，首先要检查椅子和椅垫的材质是否优良，椅子的款式是否适合顾客坐姿习惯。加装滚轮的和椅背可以调整的工作椅在工作时是会比较方便的，转动、倾斜或升降高度灵活自如，美容师可以根据实际需要做相应的调整。美容院切不可为了图省事或者贪图便宜而忽略了一些细节。

关于美容工作椅的尺寸大小、设计风格、颜色等一些细节问题，只要按照实际情况结合顾客的不同的爱好和习惯来决定就可以了。另外，美容工作椅的颜色会不会引起客人不悦、质感是不是有问题、造型是不是太夸张、所选风格是否和美容院的档次协调一致等，也是需要考虑到的。

面部喷雾机和放大灯

对美容院来说，面部喷雾机是不可缺少的设备之一。由于皮肤角质使人的皮肤几乎没有机会直接吸收大多数的药剂，要想使皮肤更有效地吸收美容药剂，就要让皮肤在温热的环境下大大提升其供血功能、吸收力及增加渗透性。面部喷雾机就能解决这个问题。根据美容师的经验和顾客的喜好，除了水蒸气以外，也可添加药草、醚油或臭氧剂，使美容的效果更好一些。另外也有专门为“左撇子”而设计的喷雾机可供使用。

在使用面部喷雾机的时候，美容师的手臂要放在后面，而不是放在仪器两侧。功能十分简单的面部喷雾机，有经验的美容师通常是不会使用的。因为一台喷雾机使用的时间都很长，常常得工作数小时之久。如果喷雾机经常损坏，显然不行。对经常容易出现的不规律的蒸汽、噪杂声、喷管滴水或是水蒸气的温度太高烫伤顾客等问题的喷雾机，如果需要长期修理的话，都会直接影响美容院的正常经营。在这一点来说，美容院的老板就不该过分的强调省钱了，该花的必须要花。

在选择放大灯时，一定要注意灯光的色彩。护理部位是否变热、扭曲都是需要关心的问题。还有，要考虑放大灯生产品质及它的稳固性（不论是安装在美容工作桌上、墙壁上或仪器上都是一样），放置或安置放大灯，外观看起来必须很坚固，否则很可能会砸到顾客身体的某一部位，这样就很不好了。

面部喷雾机和放大灯是美容院的常用物品，应该加以特殊维护和保养。

多功能美容仪器

一机多用的美容仪器，既可以节省经费，又可以节省很大的空间，是美容院的老板们的首选目标。

在选购多功能美容仪器时，一定要关心仪器是否容易拆卸，也必须考虑是否适合美容院的总体设计，摆设起来是否舒适，与仪器相关的如罐罐瓶瓶的喷雾剂、放大灯、装饰品等是否都安置得妥妥当当。还要注意一点，多功能的仪器，使用次数必然很频繁，零部件的损坏几率也就相对提高了不少，所以还要注意仪器的售后服务和维修保养等一些问题。

美容院在购买任何美容仪器前，询问清楚仪器是否附有产地证明书是很关键的。制造商给予的正式产地说明书和产地证明书是不是一并附在仪器内，能不能方便日后查阅；美容仪器是否有可靠的售后服务；维修周期的时间长短如何；是否提供仪器的配件或备件等都需要认真了解和掌握。

以上这些仪器的价位差别是很大的，从几元的小物件到几万元的大设备都应有尽有。比如，一台知名的多功能组合减肥、健胸机的价格在4000元以上，一台高速振脂仪需要近3000元。还有其他中、低档品牌的，如“瘦身宝”，这种仪器的价格只需四五百元就可以买到，其形状如鞋盒般大小，在一些小的美容院非常受欢迎。花300多元就可以买到一台冷热喷兼用的仪器，当然也是很划算的了。美容床的价位从200多元到1000多元的都有，价位在300元到500元的较多。至于洗浴用的大本桶，美容床上用的被子、床单等一些小东西，简单处理就可以了。

有人曾经测算过，对小型美容院而言，配齐中档品牌的基本仪器，有1万多元就足够了。提前预订显得更稳妥一些。一般情况下，在开业时基础设备就应该到位，另外，一些特殊功效的仪器，则可以等一段时间，对市场情况熟悉以后再决定是否需要。

美容院小老板赚钱秘笈

面对种类繁多、琳琅满目的仪器，如果挑花了眼出现选择失误，可能会带来严重的后果。所以，美容院在选择基本设备的时候，不可贪图便宜也不可过分追求档次。只会选择适合自己规模并专业的仪器，才赢得更多的顾客。

美容院店长必备的能力

美容院店长是一家美容院的管理者、执行者和决策者，是一个需要集众能力于一身的职位。

你所管理的店面，必须有盈利才能证明你的价值与工作能力，而在实现目标的过程中，你的管理和以身作则，将是极其重要的。所以，营业额目标的实现，50% 是依赖你个人的优异表现。作为店长不但要发挥自己的才能，还要负担指挥其他员工的责任，使每一个员工都能发挥才能。同时需要用自己的行动和思想来影响员工，而不是让员工影响你的判断和思维。

店长具备的能力具体体现在以下几个方面：

专业技术能力

一般来说，店长都是做业务或者技术出身的，其业务、技术肯定是比较优秀的，甚至是在某个项目上是比较权威的。即便不是行业出身，也一定是非常熟悉美容、美发业，或者具有与此行业有关联的技术业务能力。一旦走上工作岗位，很快就轻车熟路、驾重就轻了。

店长必须具有经营店铺的必备技巧，具有满足顾客要求，领导店员尽心尽力工作的综合能力。只有这样，才能快速正确地分析解决一系列问题。店长会在工作中身先士卒，做出表率。率领整个团队的人去完成工作任务。一般的业务和技术问题是难不倒店长的。因为，这样的店长一般业务或技术都非常好，而且，绝大多数也是因为在业务或技术方面的突出成绩而被提升起来的。

美容院需要内行的店长。只有这样，才能使店铺得以正常经营，老板也才会有钱可赚。外行领导内行，在美容、美发业是行不通的。

经营管理能力

如果你是一个组织能力强、工作经验丰富、亲和力好的店长，美容院里的店员自然而然地乐意听从你的安排，管理上遇到的困难也就相对减步了。然而事实上，作为一名店长，阻碍自已管理的因素是多方面的、错综复杂的。在遇到一些问题的时候，店长该如何化解呢？

一线的管理领域里有句熟语："狮带羊群羊成狮，羊带狮群狮成羊。"对美容院的店长而言，真正意义上的成功必然是团队的成功，脱离团队，个人再勇猛直前，也绝对不可能达成目标。

培训辅导能力

有些工作，店长一个人是做不来的，大量的业务也需要店员去完成。要想让店员把事情做好，就要教会他们怎么做事，这就要看店长的本事了。一个好的店长会用恰当的方式方法向店员灌输业务技术知识、成功销售的服务技巧。当然，店长还要对店员进行工作流程、品牌文化、产品知识、规章制度等方面的培训。

具备提高业绩的指导能力和查漏补缺的能力，能拓展店员的视野，用已有的规范管理培育店员，传授可行的方法、步骤和技能，做到人尽其才、物尽其用，使店员在其职、尽其责、胜其任。

如果我们一天天看到，店员能够尽快适应岗位要求并已经迅速成长，为美容院创造效益的时候，店长在培训辅导方面下的工夫就有了回报。这也是美容院老板高兴看到的结局。

上传下达能力

作为一个店长，上面有老板，下面有店员，自己起到的是一个桥梁的作用。承上，对于美容院里面的规章制度、决策以及目标任务，店长是最具体的传达者和落实者；启下，就是按照决策、目标要求带领其他店员具体地执行。因而一个美容院执行能力的优劣，就在于店长如何领会老板的决策，并且给下面店员讲解清楚，带头认真地执行。老板的命令店长要传达给店员，并让店员按照命令进行工作，达到老板所要求的结果。其传达方式及店长对命令的理解，直接影响到店员对命令的理解程度，以及工作的热情、进度和效果。同样，店员对老板的要求、对工作的看法，也要由店长上传给老板。此时店长要尽力为店员着想，尽量劝说老板满足店员的要求。而这一切，凭的就是店长的说服力、沟通力，以及店长在老板心目中的地位。

上传下达并不是说让店长成为一个传话筒，而是让店长能正确地理解老板指示的精神，准确地表达店员的思想动态，从而带领店员更好地完成工作任务。不过，在上传下达中，作为店长切记要摆正心态。如果只为讨好老板而忽略了店员的感受，那店长就很容易成为孤家寡人；相反，只会与店员密切沟通与合作，对老板的想法不管不顾，那店长肯定得不到老板的支持。

人际沟通能力

人际沟通，在美容、美发业的作用也是很大的。因为在这个行业中其他要素的竞争一般是看得见摸得着的，唯有人际沟通是一条无形的利益线。这也就是店长如何联络人、笼住人的问题了。店长做得好，顾客就多，回头客也就多；反之，“一锤子买卖”的事情也是不步的。

为了更快地处理好对内对外对上对下的种种关系，店长必须具有很强的人际沟通能力，店长的性格、喜好、知识、阅历等，都是对人际沟通产生影响的重要因素。心地善良、平易近人、诚实信用、爱好广泛、知识面宽广、社会经验丰富、谈吐幽默风趣的店长，人际关系一定很好。

有了和谐的人际关系，就使美容院聚集了“人气”，人气旺财气就旺。店老板挑选和培养店长的时候，也不要忽略这个问题。

美容院小老板赚钱秘笈

一个优秀的店长可以帮助提升店铺销售量的25%-35%。这不仅仅是一个可观的经济数字，更说明店长作为店铺的灵魂人物的无比重要性。店长在美容、美发业价值链的终端承载着重要的责任，发挥着至关重要的作用。

店长与老板相处的艺术

作为店长，因工作上的需要，不得不去接近老板。在这种情形下，就很容易造成许多是非。一方面，店长是老板最忠实的店员；另一方面，店长又是店员在老板面前的代言人。倘若下属被老板误解，店长能向老板奋力争取、求情，尽量保护下属，那么，即使在其他情况下接近老板。老板也会认为你是一个正直的人，下属也不会认为你在拍马屁，并且仍会视你为他们亲密的伙伴。但是，要想做到这一点并不容易。

尊重老板是"第一信条"

老板最大，是亘古不变的职场法则，当老板讲话的时候，作为管理者要排除一切使你紧张的意念，专心聆听。不要死呆呆地埋着头，眼睛注视着老板，必要时作一点记录。老板讲完以后，你可以稍思片刻，也可问一两个问题，真正弄懂其意图，然后概括一下老板的谈话内容，表示你已明白了他的意见，既显示出你的积极性和水平也是对老板的尊重。

如果遇到重大的会议，管理者在陈述负责的工作或项目时，不管什么情况下，哪怕是你的见解被老板采纳，你也千万不能到处嚷嚷这些本来是你的想法。所有的想法最终会成为老板的决定，而且一切多是以他的名义发出的，所以，你的目的实际上已达到了，千万不能因此而愤愤不平，不然，连你向他诉苦的那人都会对你不屑一顾。

切记，老板不喜欢那种思维迟钝、需要反复叮嘱的人，管理者要对老板要表现出恰如其分的尊重，别抢了他的权责与荣誉。

深入了解自己的老板

你非常清楚处理好人际关系对于做好美容院工作是多么重要，那么处理好与你的老板的关系会有怎样的效果呢?

那就是你得学会"搞定"你的头儿，不过，你该先明白下面这些问题:

你的老板是个什么样的人？你的老板是个只愿把握大局的人，还是个事无巨细、皆不放松的人？如果你向一个只愿把握大局的人汇报上一大通细枝末节，那么你俩很快就都会烦的。一位只愿把握大局的老板会认为你该把所有基础工作都做好，否则他(她)就不会信任你。如果你的老板只注重结果，那么你早些了解头儿的个性，你俩的合作就会愉快得多。

你是否在帮助老板达到目标？如果你清楚地知道你的老板想要完成什么任务，你最好能帮上忙。了解那些特别的目标将有助于你更好地掌握美容院的发展方向。头儿也会视你为美容院中有价值的成员，那么当他(她)

升迁时，你也会跟着得到提拔。

你是否竭尽全力地使老板和美容院都显得很出色？要知道，如果你的老板显得出色，那么你也会跟着出色。因此，你该随时随地地想办法使你的老板显得出色。如果你有什么能改善工作的主意，一定要让他（她）知道。但务必私下去谈，且不要与他（她）发生冲突。如果工作得到了改善，你就会得到更多的信任，对你的发展只有好处。

一旦你真正处理好了与老板的关系，你就会觉得你们更像是伙伴而不像是上下级。作为伙伴，老板会托付你更多的责任，使你事业有进步，工作更出色。

当好老板的参谋

店长在单位中处于一个较特殊的位置。一方面店长是老板命令的执行者，必须维护老板的利益；另一方面又是一线店员的代表，必须代表一线店员的利益。尽管这两种职能有时会发生冲突。但在适当的时候也必须把握好自己，积极参与老板决策的制定，给老板当好参谋。

作为店长，相对来说你应该比店员站得高、看得远些。其实，作为老板都很希望你能多出点子、出好点子，而且更应该会选用店员出的好点子。店长能够选好点子，帮助老板出出注意，提提建议，是正常不过的事情。关键是要提高自身素质，练就一双“火眼金睛”。做到去伪存真，去粗取精，以科学的、联系的、发展的眼光审视点子，必要时你可以把这些点子交给全体店员去辨别、论证，利用群策群力，选出更能适合美容院经营和管理的经验，产生更大经济效益的好点子。

恰如其分地博得老板的好感

对老板，最好的奉承就是尽一切可能让他满意。所以，并不是口头上讨好就能应付得了的，应该预先领会老板的意图，在适当的场合准确无误地说出来，并且把自己主动准备的预案、设想等提供给老板。这种能提出合乎上级想法的合理化建议的人最能得到老板的欣赏。讨好老板必须有分寸，必须分场合、时间。奉承中带有诚意，诚意中暗含讨好。奉承过度有讥讽之嫌，讨好不到位有不痛不痒之感。

假如自己有了一个好的设想，不必急于提出，风头太劲，容易引起同事的忌妒和排挤，甚至引起老板的不安和反感。不如找个合适的机会把设想谈给老板听，让它变成老板的想法提出实行。这样，同事之间相安无事，老板也感到高兴，当然对你更加欣赏。

奉承老板时，当面赞美有时可能会适得其反，“要听真心话且听背后言”。所以，你最好是选择老板不在场时，向同事或老板亲近的人赞美老板的种种过人之处，或者他的才能或者个性魅力。

通常情况下，对老板的奉承，要表示出自己对老板的言行的心悦诚服，所以光说不练是不够的，最重要的是付诸行动，才能让老板产生真正的感动。另外，奉承老板还有一个办法，那就是心悦诚服地学习他的一言一行，养成与老板相同的喜好，让他觉得体是同类型的人，这样在心理上就容易产生亲近感，很快就会同你无话不谈并把你视为心腹。

不要固执的与老板顶着干

在许多企业中，最容易被老板打入冷宫的是那些固执已见的人，固执已见比不专业更具杀伤力，会让老板与管理者搞得两败俱伤，工作更有可能因纷争而停止。管理者要懂得做倾听者，才不会刚愎自用，导致失败。尽管辩论或与老板持有不同的意见或见议，也不要情绪失控，情绪失控与发怒是向上管理的两大禁忌，在老板面前要保持镇定。一定不要跨越老板的忍耐底线，否则你很有可能被列入老板的“黑名单”。

管理者也不要直接否定老板提出的建议，对于管理者所负责的工作项目，老板可能从某种角度看问题，看到某些可取之处，也可能没征求你的意见。如果你认为不合适，最好用提问的方式，表示你的异议。如果你的观点基于某些他不知道的数据或情况，效果将会更佳，别怕向老板提供环消息，当然要注意时间、地点、场合、方法。

那些与老板顶着干的管理者，哪怕是企业的高管，吃亏的终究是管理者本人，绝不会是老板。

美容院小老板赚钱秘笈

美容院店长与老板保持良好的关系，是与你富有创造性、富有成效的工作相一致的，你能尽职尽责，就是为老板做最好的事情了。

第九章 美容院员工管理艺术

员工是公司里的基础，不管是大公司还是小公司都要管理好每一个员工。优秀的管理者知道怎样去激励员工发挥自己的长处，让员工保持良好的工作状态。

如何招聘和管理员工

美容院老板常常为招不到好的店员而苦恼，也为留不住好的美容师而焦虑。究其原因，还是美容院自身的问题居多。管理好出效益，有人才出效益，这是不争的事实，对美容院同样适用。

如果不想使美容院变成一个“家庭式”的小作坊，就应该从现在起，把美容院人力计划、挑选店员、制定好工作说明书等有关人力资源的诸多问题，当做一件大事来认真对待。

店员的招聘

服务态度、服务品质对服务业来说最为重要。一个美容院，无论技能是多么的优秀，装饰得多么豪华，如果服务态度、品质不行，顾客也不会来此消费，美容院也就谈不上有可观的收入了。为了有效预防此类事情的发生，在招聘录用店员时应注意以下几个方面的问题：

①用工原则。年龄、自身素质。年龄一般在18–30岁之间为宜。外向型性格为佳，长相一般即可，但要有和蔼可亲之感，为人处世要谦和，要彬彬有礼。要注意观察应聘者是否热爱美容、美发业，不要盲目招受那些不合适的店员。一些美容院有时因人手不够而仓促招人，往往产生“所用非此人”的弊病，顾客反映不好，影响了美容院的声誉。

②选择最佳时间、最佳地点招聘店员。一般每年中、高考结束后两个

月是招聘的最佳时间。美容院可以去学校选择一些落榜的优秀人才，给予完整的技能和服务方面的训练，这样选择的人员就能够在极短的时间内熟悉并进入岗位。由于学生还未踏入社会，文化功底较厚，没有杂七杂八的“社会经验”，利用得好，这些人的作用就发挥得好。

在全国各地的美容、美发职业培训学校挑选适合的人选也是一个好方法，也能够达到“挖掘人才为我所用”的目的。

③注意仔细观察。一般情况下，手指尖的应聘者适合美容、美发，手指方的则适合休闲。右脸略大于左脸者适合协调处理公共关系。

④一般录用比例。若是在100人中挑选，录取率一般为20%左右。

店员的挑选和录用

美容院对店员的挑选和录用也是很重要的一个环节。

有了店员的需求预测和供给预测，并制订出美容院人力计划后，就对店员的招募和来源有了一个比较清晰的轮廓。接下来进行的就是店员的挑选和录用工作了。

①挑选。挑选店员也要遵循一定的程序。

美容院首先让应聘者提供自己的履历表（包括工作意向书、特长、相片等），有学历和工作经验的还应提供相应证书或证明。为了便于管理，美容院最好备有规范的报名表。

然后，就可按下列步骤进行招聘：

美容院把收集到的有关应聘者的相关资料进行整理、归类、汇总，并制成统一格式；

将应聘者的自然情况与工作说明书、工作规范及美容院的要求进行认真比较，进行初步的过滤筛选，把所有应聘者分为“合格”“勉强合格”和“不合格”三类；

缩小挑选范围，对合格者和勉强合格者再次进行审查；不论是否录用，美容院都应书面或电话通知每个应聘者。对初审合格者再通知其进行笔试或面试。

②面试。面试是招聘各环节中最重要的一个环节，负责招聘的人员如果马马虎虎，之前所做的一切工作都会前功尽弃。现推荐两种面试形式：

个别面试。一个应聘者与一个面试人员面对面地交谈，有利于建立双方较为亲密的关系，加深相互了解。应聘者也可以放松一些，交流就会有一定的深度和广度。但这种“一对一”的面试方法，也容易造成决策的偏颇。

小组面试。通常是由两三个人组成小组对应聘者分别进行面试。从多个角度不同侧面对应聘者进行较全面细致的考察。这样的做法能提高判断的准确性，也克服了个人喜好所带来的偏见。

员工的管理

美容院开张后，员工要按作息制度工作并严格遵守美容院的管理制度。对美容师的日常管理流程规范化。比如领用产品、顾客跟踪、工作评分、晋升标准等，都要有相应的章程。客户接待和客户服务有标准的话就可以考核。

美容院老板和美容师之间应有一种工作上的默契，达成彼此的尊重和信任。

在报酬方面，美容院应履行合约，不可借故扣罚，否则，不仅造成彼此间感情上的疏远，更可导致劳资纠纷、人员流失及人心浮动。

由于是新店，美容院老板更应与美容师共同协调，完善各项管理制度，使之行之有效。

经过一段较长时间的经营，各项工作都比较稳定之后，管理的重心就应放在“补漏”和提升业绩上。在人员管理中，把一些不尽如人意的地方改善过来，使美容院的运作更高效，提升美容院的业绩。

同时，把防止客源流失和吸引新顾客当做重中之重来抓，做好美容院员工的思想工作，并给予相应奖励。多和顾客交流，让顾客的心通过美容师的服务留在你的美容院。

另外，对美容师的言谈、举止、形象等也要做专业化的要求。应当时常与美容师沟通，不要因为彼此熟悉了就忽略此项工作。了解她们心中的想法，积极配合她们开展工作，使她们在客户面前保持令人自豪的专业形象，在其他同事面前起到良好的榜样作用。

综上所述，美容院就像是“水”，员工就像是“鱼”，两者本来是不可分离的。作为美容院老板，应当明白这种利害关系，提供更多的机会让员工发挥所长，提高她们的收入。所谓“海阔凭鱼跃”，这样便不至于造成美容师的流失，而美容院的生意则会兴旺发达。

美容院小老板赚钱秘笈

在一个女性化的工作环境中，对美容师的管理更应该注意沟通技巧，使管理更富有人情味。

管理者懂得激励员工

高昂的士气是使美容院保持优质服务的重要因素，如何让我们的员工在士气方面保持良好的状态呢？这也是我们在美容院经营中十分关注的问题。美容院的管理者应该是一个善于激励的领导者，能够对员工实施有效管理。

所以，美容院要有完善的晋升制度和奖金级别来区别不同员工的不同绩效。告诉她们为什么要以这种方式做某件事。只知道做什么和如何做的员工只了解事情的一部分，如果她们知道为什么要按规定的方式去做，那她们就能更好地被激励起来。

善用早会来激励表现优异的员工，千万不要把早会开成批评会。管理人员要有感染力，利用春游、聚餐、卡拉OK或与其他单位联欢来让员工感受到企业的凝聚力，不能不管也不能管死。

在激励员工方面，美容院要避免直接使用金钱进行所有激励。那会令员工童接把任何举动都与金钱挂钩，成为唯利是图的算计者。在激励员工方面，不妨多从员工的年龄、性别、阅历、审美等多方面进行观察，然后，对症下药，满足员工内心深处最深的渴望比拿起金钱来作为交换和鼓励更有效。

精神奖励比物质奖励更有效

比如，在员工中，通过设立“服务天使”奖项，发给入选者一枚微笑奖章，能提高她在客户眼里和同伴眼里的分量，影响一定大于10元钱。

通过设立精英奖，让那些优秀的美容师通过点单率让自己立于荣誉的高点，哪怕只得到一个精美的项链。都能增加她的信心；通过设立进步奖，让那些见习员工看到自己的进步被认可，奖品可以是一支客户常用、自己消费不起的进口美白乳液，这也能让员工对自己的产品更熟悉和热爱。给常年加班的店长一个七天的有薪长假，让她可以陪陪自己的家人，给全体员工一个停业郊游的机会，令员工产生感恩，从而更加努力地工作。可以有无数种激励员工的方式，它的使用，在于我们对于人性的了解和把握。

通过精神激励，可以比单独使用金钱鼓励更能体现团队的荣誉感和凝聚力。

赞美是最好的鼓励

在工作现场，没有什么比赞扬一个人更能获得她的心。管理人员表扬员工、美容师和美容顾问赞扬客人，都会令自己的人际关系变得亲善。表扬是需要学习的一门特别技巧，不会赞美就会令人讨厌，错误的赞美也会适得其反。表扬一个人绝不要面面俱到，那就像说假话一样令人感到虚伪。

（1）要赞美一个人引以为荣的事。言辞准确、态度由衷、神情专注、事件具体。中间要停顿一下，先是表明你很重视这件事，并认真看待她的表现。比如：“小丽，我发现你在休息室向老员工咨询美容手法，这让我很开心。(停顿)如果新员工都像你一样好学，你们很快就可以通过考试上岗了。这让我更喜欢培训工作。”

（2）善于从小事上称赞。不要用大道理，也不要拔高，那令人不舒服。找出值得关注的细节，并要善于发现小事的重大意义。要想使自己能在对别人的赞扬中体现独到之处，就在平时处处留心观察、细心思考，找出值得重视的地方，还要善于排除遮挡视线的障碍，对于有些人很容易的事，对另一些人也许很困难，当她做到时，就要赞扬，这样会使之很受感动。

工作中，因为分工不同、责任不同，很容易出现眼高手低的随便赞扬，也有可能因为是“熟人”随口举例，令其他听者摸不着头脑。除了直接表扬以外，还可以用其他的方法。

（3）间接地赞美

假借别人的口来赞美一个人，这样既传达了第三者的善意，也能表明自己的赞同立场。通过赞美与对方有密切联系的人、事或物，来折射对一个人的赞美之意。对别人说，不当面对受赞扬人说。赞扬他人的人品时，要注意不要乱做比较。更不能拿另外的人做比较，以免弄巧成拙。

让员工成为美容院的主人

要让员工真正热爱您的美容院。让员工成为美容院真正的主人，把美容院的事当成自己的事去做，热爱自己的美容院与热爱自己家庭一样，做任何事情都为美容院考虑浪费、不合理现象都能积极主动去大胆阻止。

入股是一个好方法，入股的好处有：

（1）成为美容院股东之一；

（2）与老板形成同等合作伙伴关系（地位的变化）；

（3）美容院的兴旺；

（4）入股后能提高员工的主动性。

具体入股方式，可根据您自己实际情况而定。但值得注意的是：不能让员工占总管股份 49% 以上。当员工形成是美容院入股是哪有不热爱美容院的道理。

尊重、善待员工

员工是美容院、发廊的人才，拥有优秀人才有仅可以给美容院、发廊带来丰厚的利润。更主要可以提高美容院、发廊的发展及能力，在市场竞争双方竭力争夺的重要目标，因为人才的多少意味着在未来角逐中竞争能力的强弱。所以，成功的美容院、发廊无不想尽办法吸引人才、挽留人才、充分利用人才为其服务。要让员工热爱您的美容院必须挽留、尊重善待员工，中国有名俗话“善者无敌”。

善对员工、尊重他们的自尊心和工作能力，可以使他们同心协力为美容院惊异出谋划策，贡献自己的聪明才智，为美容院发展服务。善对员工方法很多，但主要原则是与员工沟通，以平等态度对待他们，给他们新生和激励等。

总之，要想成功，获得高利润，必须善解员工、恭谨待人，把员工当作大家庭中的一员，这是每一个美容院、发廊老板必须做到的。这样能使员工们竭尽全力为美容院效劳，即使在不景气的时候也能使美容院转危安，居恢复生气。

美容院小老板赚钱秘笈

士气高昂的秘诀在于正确的激励和引导。要使我们的员工们愿意在工作中学习，就应该通过学习制度向员工表明，美容院的系列培训将使她们在掌握更多技术和提高收入方面、在晋升机会或工作保障方面，得到应有的保障。

恩威并施，驾驭下属

日本企业家松下幸之助认为，经营者对于部下，应是慈母的手紧握钟馗的利剑，平日里关怀备至，犯错误时严加惩诫，恩威并施，宽严相济，如此才能成功统御。

每一个经营者都应该有的就是对于自己的部属和员工，要维护和关爱。因为，他们是你的同路人，甚至是你的依靠。而且，也只有如此，才能团结他们，达到目标。

但是，同时还必须严厉。这种严厉基于人类的基本特性而来。松下认为，有些人不需要别人的监督和责骂，就能自觉自发地做好工作，不出差错。但是大多数的人都是好逸恶劳，喜欢挑轻松的工作，拣便宜的事情，只有别人在后头随时督促，给他压力，才会谨慎做事的。对于这种人，就只能是严加管教，一刻不放松了。

松下认为，经营者在管理上宽严得体是十分要紧的。尤其是在原则和条规面前，更应该分毫不让，严厉无比；对于那些违犯了条规的，就应该举起钟馗剑，狠狠砍下，绝不姑息。

索尼公司是靠生产电子产品起家的，随身听是该公司的重要产品。一次，公司的一家分厂的产品出了问题，这家工厂的产品是销售到东南亚的，总公司不断收到来自东南亚的投诉。后来经过调查，发现原来是这种随身听的包装上出了些问题，并不影响内在质量，分厂立即更换了包装，解决了问题。可是盛田昭夫仍然不依不饶。

这位厂长被叫到公司的董事会议上，要求对这一错误作陈诉。在会议上，盛田昭夫对其进行了严厉的批评，要求全公司以此为戒。厂长在索尼公司干了几十年，第一次在众人面前受到如此严厉的批评，难堪尴尬之余，禁不住痛哭失声。盛田昭夫的盛怒让其他董事都感觉得太过分了。

会后，厂长恹恹地步出会议室，正考虑着准备提前退休。可是董事长的秘书走过来，盛情邀请他一块儿去喝酒，厂长哪里还有这样的心思，无奈秘书几近强拉硬扯，两人走进一家酒吧。厂长问："我现在是被总公司抛弃的人，你怎么还这样看得起我。"这位秘书说："董事长一点也没有忘记你为公司作的贡献，今天的事情也是出于无奈。会后，他害怕你为这事伤心，特地让我请你喝酒。"

接着秘书又说了一些安慰的话，厂长极端不平衡的心态开始缓和一些。喝完酒，秘书陪着这位厂长回到家。刚进家门，妻子迎了上来对丈夫说："你真是受总公司重视的人！"

厂长听了感觉非常奇怪，难道妻子也来讽刺自己。这时，妻子拿来一束鲜花和一封贺卡说："今天是我们结婚二十周年的纪念日子，你也忘记了。"在日本，员工拼命为公司干活，像妻子的生日以及结婚纪念日这样的事情，通常都是不足为道的事。

厂长说："可是这跟我们总公司又有什么关系？"原来，索尼公司的人事机关对职员的生日、结婚纪念日这样的事情都有记录，每当遇到这样的日子，公司都会为员工准备一些鲜花礼品。只不过今年有些特别，这束鲜花是盛田昭夫特意订购的，并附上了一张他亲手写的贺卡，勉励这位厂长继续为公司竭尽全力。

盛田昭夫不愧是恩威并重的老手，为了总公司的利益，他不能有丝毫的宽贷，但考虑到这位厂长是老员工，而且在生产经营上确实是一把好手，为了不彻底打击他，又采用这样的方式表达一定的歉意。盛田昭夫经常使用这样的方式，索尼公司的许多人把这称之为"鲜花疗法"。

恩威并施强调的是：在实施控制时，既要施之以恩、施之以德，感化影响、说服指导，从而赢得部属的信赖；又要施之以威、施之以权，查验所为，奖优罚劣，使部属有敬畏之感。无论用人或训练人才，都要做到宽严得体，才能驾驭好下属，有效发挥他们的才能。

那么，怎么做到恩威并施？

“恩威”两字可用在同一人身上。

威，要用于工作之间。要完成工作任务，要管好自己的下属，对待属下人员要告诉他们的责任，树立领导的“威信”。

恩，要用于生活上的关心。如果一个员工在工作上勤勤恳恳，任劳任怨，那么做为领导，一定要对他施“恩”，这不能体现在工作上，只能体现在生活上的关心，去了解他的困难，给予及时帮助。

美容院小老板赚钱秘笈

如何能让员工既爱又怕，既感觉到约束力，又能充分的发挥主观能动性，这是每一个管理者考虑的问题。想要做到这点就需要管理者对员工恩威并施，在强调原则、纪律的同时，不可忽视了对于员工的关怀和体贴。

掌握批评的方法

当听到某员工显然犯了一个严重的错误，或是让你失望了，或是违反了什么规章制度，你的自然反应就是认为这个员工确实做了你听到的事情，从而立即采取措施。这样的反应是错误的，除非你真的把向别人道歉当作是件乐事，或者喜欢那些尽量不和你搭界的员工。

美容院的管理者在经营中不遇到困难是不可能的。员工不犯错误也是一种理想。大部分美容院的管理者在员工犯了错误对其进行批评时不被员工接受，或者感到工作沟通困难，这是因为：

第一，没有订立或明示规矩。俗话说“没有规矩不成方圆”。你从未告诉过员工她的工作业绩是如何考评，她的行为怎样才算符合标准，手法如何才是正确的，接待如何才能令客户满意，介绍产品和项目怎样才符合专业原则，品工靠自己的本能或者习惯做着要求很细致的服务工作，怎能不犯错误呢？不犯错误只有一种可能，就是她什么都没有做。

第二，不懂因人而异的沟通方法。有了规矩，不懂批评的技巧，沟通方式生硬也容易引起员工的逆反心理。批评应该针对具体的行为后果，不要使用情绪化的语言进行人身攻击。也不要过多牵强附会为员工探寻犯错误的借口或追问其为什么。否则，就是在用问话为员工寻找犯错误的借口。

在员工犯错误时，要正确地进行沟通。注意事项有以下几点：

1. 检查批评的意图。在批评员工之前，你要检查一下自己的情绪状态。这位员工的错误让你感到愤怒或者被背叛了吗？是你的情绪强迫你祛报复这位员工吗？假如答案是肯定的，请你在和他说话之前，让自己冷静下来。

2. 正确地使用批评的方法，在批评之前要明确你对错误的评价，然后确认你要批评的事实。

比如：“小钟，请跟我来一下，好吗？我想问一下，我们的老客户档案整理好了吗？”“还没有。”“得我们上次开会你说过什么时候完成吗？”“周二”“那为什么我昨天没有见到呢？”略微停顿后说，“你知道，我答应今天交给老板我们店里的老客户资料，其他店里都交了，你没有完成，我也无法拿出，这会影响整个公司的客户建档工作。”最后，比较肯定地商量说：“我们能否确认一下，这个工作的最后完成时限？”“我明天一早交给您，好吗？”“好的，我希望能按时拿到数据。明天见！”

3. 批评时还要选择最佳的时机和场合。最好是下班时批评，给员工消化的时间来调整心情；上班的时候请以表扬开始一天的美好时光。

尽量在私下的场合批评员工，尽可能消除情绪的负面后果。设身处地。不要轻易把员工的错误回咎于他的粗心和懒惰，要尽量站在他的角度分析此错误。是沟通不善导致这个错误吗？是员工负担过重的缘故吗？还是经验不足或者办公室政治的牺牲品？利用和员工面谈的机会，弄清楚题目的真正原因。

4. 中间要具体指出问题在哪里。看到事实并指出事实。所以，现场看到顾问接待客户时，因为面部紧张，没有及时回答客户的问题，使客户离开了，就要直接说出来：我看到你没有回答她的问题，是没想好还是紧张呢？这样接待客户就会无力留住客户。客户会怎样看待我们的专业能力呢？直到顾问认识到自己的不足。比起“你怎么搞的？为什么总是搞不定呢？”的抱怨。帮助员工意识到问题使她找到改变的方法更好一些。

5. 告诉员工错误的危害。表明你为此而难受。不要在批评时假借公司和老板的名头，那只会令员工把你当做靶子发泄怒火，同时还无法树立你的权威。上面的例子把“公司可是有规定，试用期顾问接待成功率有考核的啊，你看着办吧。”换成“大胆些，客户提出要求后，直接回答她，我相信你一定会，只是有些紧张，是吗？你可以跟着我先看一下，再接待下一个客户，有信心吗？”

6. 批评的时候，要对事不对人。批评下属时，不能因为某件事做错了，就论及这个人如何不好，以一件事来论及整个人，把下属说得一无是处。这样的批评，让人很伤心。例如，有的经理在盛怒之时，会说出“不可救药”“朽木不可雕”之类言语，这对下属的打击无疑是毁灭性的。

具体方法有三层：首先，积极评价该员工的工作绩效和品格，以建立他的自信心；接着，向他说出你的批评意见；最后，让他保证今后改正错误。

7. 要站在员工立场上，善意批评。比如，小王迟到了，你不应该这样说：“小王，你迟到了，给我小心点儿！”“小王，你怎么又迟到，拖部门后腿！”而应该这样说：“小王，你看你又迟到了，这样对你的影响不好，你这么年轻，不养成好习惯，对你的未来是没有好处的。”你看，这样的批评，小王会觉得你是在为他好，他打心眼里愿意接受这样的批评。

8. 要先表扬，后批评，再表扬。批评员工绝不可以只批评不表扬，无论批评什么事情，最好能找点值得表扬的事情，放在批评前和批评后说。

美国著名的女企业家玫琳凯就善于运用这种方式。她说：“批评应对事不对人。在批评前，先设法表扬一番；在批评后，再设法表扬一番。要力争用一种友好的气氛开始和结束谈话。如果你能用这种方式处理问题，那你就不会把对方激怒。我看到过这样一些经理，他们对某件事情大为恼火时，必将当事人臭骂一顿。这是毁灭性的批评，而不是建设性的批评。人的自尊心有时很脆弱，都希望受到表扬而不希望受到批评。”

9. 做好自卫的预备。即使是最有艺术性的批评，也有可能导致对方的消极情绪。因此，你要为此做好预备。当该员工对你的批评产生抗拒情绪时，你要尽量着眼于终极的结果，而不是立即做出反应。

美容院小老板赚钱秘笈

批评下属时，一定要做到不伤人，更不能挖苦讽刺，侮辱人格。有艺术的批评才能促进员工改正错误，积极努力的工作。

管理者如何与员工沟通

作为管理者来说，什么能力是最重要的呢？很多管理学家和大公司的负责人不约而同的给出了一个相同的答案：沟通能力。作为一个合格的主管，沟通能力应占到80%，而其他能力只占20%，而没有经过有关培训和训练的主管，普遍的缺乏沟通的意识和能力。因此各级主管需发现并重视沟通的重要作用，将培养自己的沟通意识和提高沟通技能上升到战略高度来加强，我们才能够进步得更快，企业才能够发展的更顺畅更高效。

企业忽视沟通的后果如果一个企业不重视沟通管理，大家都消极地对待沟通，忽视沟通文化的话，那么这个企业长期下去就会形成一种无所谓的企业文化。这种无所谓文化主要表现在员工对什么都无所谓，有什么问题或看法，既不想方设法去解决问题，也不主动去找领导沟通寻求解决方法，而是抱着事不关己、高高挂起的态度，任由问题存在或发展；管理者也对什么都无所谓，不仔细去观察和了解，不去主动地发现问题和解决问题，或对出现的问题推委拖延，导致问题越来越严重，直到付出沉重的代价。

在无所谓文化中，员工更注重行动而不是结果，管理者更注重布置任务而不是发现解决问题，工作缺乏主动性，结果当然就难以预料。长此以往，员工没有进取心，工作上缺乏激情和积极性，工作效率必然无法得到提高。同时缺乏沟通还将导致员工之间、管理者与员工之间人际关系冷漠，相互协作意识淡薄，企业将会成为一盘散沙。

沟通对美容院的管理工作的重要作用体现在以下 5 个方面：

1. 得到他人或下属的支持和信赖。沟通的过程就是征求意见和建议的过程，是发挥员工参与公司管理的过程，通过沟通可以使自己的决策和主张得到员工的广泛支持和信赖，可以提高执行的效率和成功的几率。

2. 提高个人在公司或部门内外的影响力。沟通的过程就是相互影响的过程，通过沟通，使自己的思想和主张得到他人的广泛认同，自己的影响力必将得到提升。

3. 获得良好的工作氛围和健康的人际关系。通过沟通，可以化解矛盾、消除隔阂，增进相互的了解和理解，获得良好的工作氛围和和谐的人际关系。

4. 使自己成为受欢迎的管理者。通过倾听员工的心声可以了解员工的感受，制定出符合员工期望和切合实际的制度和措施，使管理者和被管理者之间的协作达到最佳效果，当然使管理者成为受欢迎的领导者。

5. 充分激励下属的积极性。沟通的一个重要方面就是倾听员工的心声，了解员工的看法和感受，这本身就是体现对员工的尊重，能充分表明管理者对员工的建议、态度和看法的重视，如果在决策中能采用或考虑到员工的建议，对员工更是一种很好的肯定和激励。

在做美容院的沟通工作时，要保持三心：知人之心、积极之心、自信之心。

知人之心：只有了解员工的特长才能正确使用员工的特长和能力，只有对人性有深刻的理解和把握才能使管理成为一门艺术。不同的人有不同的秉性，不能一视同仁，而要区别对待。管理者离员工很远或闭门不出，员工不犯错误看不到管理人员，犯了错误开罚单时管理人员才出现，而且不管三七二十一，“一刀切”，都容易使管理者失去威信。

积极之心：是让我们以积极的心态看待工作中的问题，对于员工的错误不能一棒子打死，对于低沉的士气和业绩要学会调整心态积极面对，否则，管理者的消极心态就会影响整个团队。管理者需要拥有向上的热情和积极的影响力才会对团队有所贡献。

自信之心：只有充分了解自己的长处和短处的人，才能够在工作中扬长避短，也才能做到用人之长补己之短。否则，就只会犯下目中无人的错误。在解决了观念和心态后，才可以出现正确的沟通方法。缺乏正确观念时，也意味着方法不当。

重要的事情用文字沟通，忌口头允诺。因为业务繁忙，计算繁复，管理者随口决定的赠送项目很可能在月尾无人记起，因为无凭据，所以要员工自己负担，容易伤害员工，口头请假也容易出现排班错误。所以我们建议管理者养成重要事项书面沟通的习惯。书面沟通也不需要长篇大论，只需掌握三要素——原因、建议、结果，包含了三要素的书面文件，就会免去许多猜疑和误会，一个正式的通知总比满天的猜疑要好得多。

管理者和员工之间难免产生矛盾，如果双方都能设身处地地去替对方考虑，通过换位思考，就能够有效地消除反感和对立情绪，消除成见和隔阂，找到思想上的切入点。多采用换位思考的方法，管理者体贴员工的难处，处理问题会事半功倍；职工从管理者的角度出发，体谅管理者的用心，消除对立情绪，有利于问题的解决。

管理者与员工沟通时候切记要摆正位置，做好换位思考，切不要摆出高人一等的“官架子”，对员工采取“我说你听”“让你咋干你咋干”等简单粗暴的沟通方式，这样只会适得其反，越“沟通”越不通。

美容院小老板赚钱秘笈

沟通是企业管理中的一个重要环节，良好的沟通就象一个润滑剂，使公司内部部门与部门之间、员工与员工之间、管理者与被管理者之间的配合更加默契，将公司中可能出现的问题消灭在萌芽状态。创造良好的工作氛围和人际关系，使每个人工作起来更加愉快、更加高效。

管理从尊重员工开始

尊重是员工最根本的需要。马克思认为：尊重是人类较高层次的需要。既然是较高层次的需要，自然不容易满足；一旦满足了，它所产生的重大作用也是不可估量的。

张瑞敏曾说过："经营企业就是要经营人，经营人首先要尊重人。企业必须关心人、理解人、尊重人、爱护人，即把人当作'人'而非'非人'。"

然而，遗憾的是，很多企业管理者对自己的下属表现得不够尊重。他们发布强硬的命令，进行粗鲁的指挥、控制和监督，甚至对下属随意地斥责、诋毁，毫不顾及下属的感受，更不会理会他们的想法和意见。他们认为这样可以使自己更加高高在上，更加智慧、理性、有权威。事实上，这种做法并没有使他们显得更加睿智，相反却很愚蠢。

美国加利福尼亚州一家钢铁公司，出现了令人头痛的员工蓄意怠工的问题。老板心急如焚，他又给员工加薪，又给员工授权，可没有产生丝毫激励效果。情急之下，公司老板请来一位管理专家，让他帮忙解决这个棘手的问题。这位专家来到公司后，不到一个小时就找到了问题的根源。

当时，公司的老板说到："好吧！让我们在厂里转一圈，你就会知道这些肮脏的懒种们出了什么毛病！"听了这话，专家立刻就知道毛病出在哪儿了。

他开出的"药方"很简单："你们所需要的，就是把每个男员工当做绅士一样对待，把每个女员工当做女士一样对待。这样做了，你的问题不消一夜就会解决。"

工厂老板对专家的建议半信半疑，甚至不以为然。专家说：“诚恳地试上一星期吧。如果不见效果或不能使情况好转，你可以不付给我什么。”工厂老板点点头同意了。

10天以后，该专家收到一张条，上面写着：“万分感谢，詹姆斯先生。你会认不出这个地方了，这儿有了奋发向上的激情，有了和睦共处的新鲜空气。”

韦尔奇总结自己几十年的管理经验认为，尊重别人是经理人的基本素质，要想成为一名成功的经理人，就必须从尊重你的员工开始。

尊重是最有效的激励手段，尊重会使员工感受到自己的重要性，让员工们有一种满足感，尊重还是一种强大的精神力量，它有助于企业员工之间的和谐，有助于企业团队精神和凝聚力的形成。

尊重员工是人性化管理的必然要求，只有员工的私人身份受到了尊重，他们才会真正感到被重视、被激励，做事情才会真正发自内心，才愿意和管理者打成一片，站到管理者的立场，主动与管理者沟通，想法探讨工作，完成管理者交办的任务，心甘情愿为工作团队的荣誉付出。

早在20世纪30年代，美国芝加哥西部一家电器公司就得出了这样的结论：工人不单是靠工资来调动积极性的经济人，而且是有获得别人尊重、友谊需要的社会人。这就表明要管理好员工，首先必须充分尊重他们。

长期的管理实践证明，尊重是员工最根本的需要。马克思认为：尊重是人类较高层次的需要。既然是较高层次的需要，自然不容易满足；一旦满足了，它所产生的重大作用也是不可估量的。

美容院小老板赚钱秘笈

美国企业家玛丽·凯认为：“企业成败的关键在于是否把员工视为最重要的财产，是否尊重每一位员工。如果做到这一点，就能依靠员工创造出不同凡响的业绩。”

如何让调动员工的积极性

通常员工表现不佳，有来自员工内在思想的原因，也有来自其它多方面外在环境的原因。其中后者有更多的因素，影响面更大。因此经理应该把软件环境的改善作为调动员工积极性的重点。

世界一流的企业，诸如星巴克和迪士尼，都意识到创造良好的工作氛围，让员工感到满意，激发员工的工作热情是企业成功的秘诀。从让员工有主人翁感，到鼓励员工冒有备之险，再到积极下放权力，每一种方法都能够取得立竿见影的效果。关键是你要迅速将它们化为能够影响员工行为的行动步骤。

下面介绍几种调动员工积极性的方法和技巧，这些方法富有创意，符合时宜，并且能够取得立竿见影的效果。但是，只有当你迅速将它们化为能够影响员工行为的行动步骤时，这些原理和方法才能真正发挥作用。

建立共同的目标

有了一个目标，团队就可以对团队成员产生强大的吸引力，从而增强团队的凝聚力。只有组织成员在思想意识上高度统一没有分歧，才能确保措施从上之下具体贯彻落实，保证项目内部个体力量与目标方向相同，避免“内耗”现象，大大提高生产效率。

让员工了解公司状况

作为经理人，你了解公司的运营状况，管理着公司的财政，因为这是你的工作。你可能意识不到对其他员工以及他们的工作一无所知是什么概念。当员工了解公司的运营状况及财政收支状况时，他们会更主动地发挥积极作用。

以下建议可以帮助员工了解公司的业务。

算账。与员工分享部门每月的损益表。这样可以帮助员工及时了解他们的工作在整个公司运营中发挥的作用。

鼓励“财务资讯共享管理”。这个概念是指与员工分享公司的财务数据，让员工了解公司的经营策略，并让员工明确他们的花费，以及他们为企业创造的价值。

提高员工的全局意识。通过培养员工的全局观念，帮助他们了解他们每一步行动产生的多米诺效应，向员工灌输了一种思维。这种思维有助于创造一种氛围，可以充分发挥员工的积极性。这样做是为了让员工了解自己在公司的今天和未来所起的作用，从而提高工作效率。

布置任务时明确要求

管理者经常会向组织成员下达工作安排。在安排时，尽量明确任务的详细要求、责任人、完成时间。如果一项工作涉及多人，还需明确各人的分工或者主要的负责人。

明确的要求可以避免员工之间的责任推委，极大的淡化了可能出现的管理矛盾。并且在目标考核中，明确的要求是考核的前提条件。

肯定、赞扬你的员工

有的管理者认为作为领导在下属面前一定要威严，这样说话才有威摄力。而下属有问题也不敢或不愿向领导反应。如果经理和员工之间形成这样的对峙关系，工作的开展将会变得事倍功半。长此以往，员工还可能对经理下发的任务产生抵触情绪，严重的可能会直接影响到项目的实施。

其实肯定和赞扬作为一种低成本、有效的激励形式早已被多数的管理者广泛使用。经常的与员工沟通，对他们做出的成绩、取得的成果提出肯定和表扬，不仅会激发员工的工作热情，更能提高经理和员工的沟通指数。管理学中著名的“三明治技巧”正是充分运用了肯定赞扬的效力来达到批评指正的目的。

为员工创造学习氛围，提供学习机会

学习、培训在当代社会中越来越频繁的出现在企业招聘中关于福利报酬的说明中。这足以证明学习的机会在多数员工心目中的重要程度。培训机会的创造可能更多得需要依靠企业的支持。但学习氛围的创造则是项目经理义不容辞的责任。

建立日常学习机制，提供员工相互交流的机会，搭建技术、经验共享的平台，以致在项目组织成员中创造出学习的良好氛围都是经理应该做的。通过这些方式，可以极大提高员工工作的自主性和热情。让员工在工作中学习，又在学习中增强工作的热情。

为员工提供参与的机会。这样员工会更乐于接受你对各个层级的工作提出的更高要求。下面两种方法可以帮助你成功做到这一点。在提高工作标准方面，让员工发挥一定的作用。几乎所有的员工都强烈希望在提高绩效标准方面发挥一定的作用。如果有机会这样做，他们提的标准将比你预计的还要高。

积极下放权力

作为有号召力的经理人，你的责任是运用权威去实现业务结果，优化员工的工作表现。所以，如果分配权力可以提高工作效率，不要迟疑，去做吧，那正是你应该做的。

通过分配权力，你与员工分担了你的工作责任，分享了你的权力。结果必然会为他们的工作注入更多的动力。

给员工自主权。明智的经理人知道在员工内部分配权力是很重要的，因为这可以激发员工尽最大努力去工作。当你赋予员工权力和责任时，员工有了工作的自主权，他们会自觉提高工作效率。

每个人都是领导。把工作定义得更广泛些，为员工发挥创造性和自主性留下空间，大力支持员工做出的正确决断。

打击员工积极性的因素将会使调动员工积极性成为泡影，这种因素可能是突发事件、管理决策、失望情绪或表彰和奖励不到位的过失等。了解打击员工积极性的因素可以帮助你遏制它们。

美容院小老板赚钱秘笈

如果无法调动员工的工作积极性，管理者很难做成什么事情，工作效率也无法保障。经理人必须不断寻找各种办法来调动员工的积极性，激发员工的工作热情。

附　录

美容院热点消费趋势

以抗衰老为主导的美容生物科技

留住青春，留住美丽，是人类永恒不变的追求。

近些年来，对于年龄的恐惧，成为许多时尚女性和都市白领们的群体性特征有人戏称之为“35 岁现象。”这一人群认为现在就业竞争日趋激烈，对年龄的要求越来越严她们担心自己变老后，会被老板炒鱿鱼，有些人担心自己人老珠黄后自己不再有魅力，在社交场台不再受到关注，丈夫也不再爱她。她们最大的愿望是“年轻 10 岁”永远青春靓丽的形象。

一直以来科学家们就没有停止过探索延缓肌肤衰老的秘密。研究证明皱纹、色素沉着皮肤松弛是皮肤衰老的先兆，也是自身容貌的大敌。25 岁左右皮肤就进入了自然老化的状态，皮肤中的胶原蛋白、弹性蛋白、糖蛋白、粘多糖及胆固醇分子均有不同程度的下降。

为了尽可能地留住美丽，20 世纪一大批化学合成的以延缓肌肤衰老为目的的化妆品被广泛应用。据调查当前美国最流行的美容产品是抗衰老产品。其销售额已占护肤化妆品市场的一半以上；以法国为代表的西欧国家，抗衰老化妆品已占护肤品市场的 55%以上，日本及东南亚诸国也已形成了抗衰老化妆品热销的态势。

随着人们对美容护肤需求的增加，对化妆品的需求也越来越高。人们担心合成化学化妆品会给皮肤造成不良刺激。越来越多的人开始对纯天然化妆品感兴趣。于是以抗衰老为主导的美容生物高科技异军突起。

天然抗衰老化妆品以天然药物成分为主，用动植物的浸膏或抽提液作为基剂或添加剂生产而成。近年来，国外在天然抗衰老化妆品研制方面利用大量新新型材料获得了许多有价值的成果。欧洲许多美容研究机构已经开始用激肽释放酶、活性激肽 P 物质舒张皮肤毛细血管，促进血液循环以达到显著的美容效果。此外，利用先进技术从银杏叶中提取的物质 GBE 含有丰富的醇类、黄酮类等化合物被证明具有降低血液黏稠度、改善血液循环等抗衰老的作用；肝素、蚯蚓提取物、中药红花等也有改善微循环的美容功效。

随着人们对年龄越来越关注，对美容化妆品越来越挑剔，以生物高科技为主导的抗衰老化妆品必将大行其道。

目前市场上的天然抗衰老化妆品可以分为以下几类，能延缓外貌衰老的化妆品、具有延缓组织器官衰老的化妆品、延长寿命作用的化妆品、逆转衰老作用的化妆品。在我国市场上有两种霜剂能在定程度上阻抑或延缓皮肤老化，一种制剂是含有全反式维甲酸（维生素 A 的中间代谢产物），另一种制剂是具有高防光效能的防晒霜（因为日晒与皮肤老化息息相关防晒就是防老化）。

天然活性护肤品成为时尚

随着人们环境意识的增强，归自然成为我们共同的心声，在美容行业也日渐兴起天然绿色的概念。很多的护肤品中添加牛奶、血、海洋元素、矿物质、果蔬汁类物质。科学家还从植物中提炼出可以吃下去，像巧克力一样解饿、维生素一样治口腔溃疡的天然口红。

胡萝卜、当归、人参、灵芝、花粉、珍珠粉、鹿茸、胎盘等提取物均因其含有丰富的氨基酸、维生素、以及天然保湿因子而被应用于美容领域。据了解，国外天然植物和鲜花提取液市场正以每年 5% –10% 的速度递增，新一代含有海洋植物、中草药、热带植物等植物添加成分的化妆品在欧美国家日益流行。

高科技引爆的减肥、塑身、紧肤市场经久不衰

紧张的工作状态、不合理的膳食结构，长期缺乏健康锻炼导致越来越

多的人群体态日显臃肿，而由肥胖引起的肌肤松弛和各类身体疾患，如高血脂、糖尿病等，威胁着现代人的美丽和健康。减肥已经成为社会人群的共同需求，各种美体、瘦身场所成为人们喜欢光顾的地方。

减肥热的兴起以及需求的持久性，带动减肥业的迅速发展。最初的减肥仪器只是具有多种功能的健身器让消费者在狭小的运动空间内达到减肥目的。随着科技的不断发展，仪器的科技含量不断加强。在欧美等发达国家和地区，庞大的脂肪运动机已经被小巧玲珑的瘦身纤体仪代替。日本的超音波仪器可以轻松减脂，意大利医生奇加纳发明了一种可以装在肚子里的减肥仪，只有火柴盒大小。金属外壳里面是电池和电脑芯片植入肚皮后，在人体进食到一定程度时，会自动发出停止进食的指令到大脑。

美国一名肥胖者在试用两年后体重减轻了 70 公斤。而 CELLU 的 M6 减肥仪，带来了燃脂的全新革命，35 分钟的治疗相当于 3 个小时的有氧运动，效果显著且持久。激光仪、太空舱仪等减肥仪器以其安全高效性，正越来越受到人们的青睐。调查发现，消费者普遍对注重产品研发的高科技瘦身产品感兴趣。

按照 2001 年中国医学会公布的体重衡最标准，我国超重人群估计在 4.8 亿人左右，而肥胖者已超过 7000 万人。这表明国内的减肥产品市场是一个容量巨大的市场。

除了提供给顾客良好的瘦身效果以外，其他细致的服务也不可忽略。例如做完瘦身后的放松、沐浴、按摩等，为顾客提供些其他减肥的好建议，都会使他们成为你的长期顾客。

专业化、个人化、高附加值

如今，顾客不但对美容师的服务品质和水准有一定要求，而且对美容院的设备、营造的气氛都极为挑剔。她们期望在你的美容院拥有独一无二的护肤品，一支个性的口红、一瓶个性香水；除了享受各种美容服务外，她们还希望在这里得到许多有价值的时尚生活资讯。如新潮的服饰、流行的妆容、热卖的化妆品、时尚的休闲方式等。越来越多的顾客都希望享受到这种高附加值的服务。

因此，掌握专业化的美容知识和技能、拥有高科技美容仪器、高品质美容产品、能为顾客提供量身定做的美容健康计划和咨询、提供高附加值的服务是你的美容院在同行业竞争中胜出并获得持续经营的法宝之一。

男士美容日趋流行

爱美是女人的天性，而今男士对于美容的兴趣也日渐浓厚。当今社会，外表形象在社交场所、生意场上、谈判桌上都是不可忽略的因素。良好的仪态和容貌不仅增加自信，还会给你的合作伙伴、生意对手留下美好的印象，从而提高生活和工作的质量。美国《幸福》杂志统计显示，全美每4个接受美容的人中就有1个是男性。

尽管，国内男士美容刚刚兴起，但在众多省会城市已经显现出稳定上升趋势，其价位和档次普遍高于女性美容。据统计，上海男性一年在美容方面消费为两个亿，占上海美容市场的30%，并以每年20%的速度快速增长。在北京，一些男性开始定期接受美容护理，并且大都能接受会员制的模式。在欧美国家，男士除了把美容院当作护肤休闲的场所外，更是将其作为商业谈判和事业沟通的桥梁。因此，拓展男士美容院的商务功能，是今后这类美容院发展的重点。

在美容的心理上，男性和女性有很大的不同。女性是为了美容而美容，男性则是为了休闲而美容。因此，如果你涉足男士美容这领域，在经营方针和指导思想上应与纯粹的女士美容院有所区别。可以为男士美容开辟专区比如开设浴足、美肤、SPA一体的休闲场馆。

情调美容

随着人们生活水平的提高，审美意识的不断改变，人们对美容院的需求不再仅仅满足于做单纯的肌肤保养。她们走进美容院，除了获得常规的身体护理外，还希望同时获得心灵的放松。这就要求美容院包含更多的文